PO

EXPRIMER SA COLÈRE SANS PERDRE LE CONTRÔLE

DU MÊME AUTEUR
CHEZ ODILE JACOB

Développer le « self-control » de son enfant, de 1 à 12 ans (illustrations de Clèm), 2016.

La Révolution du divan. Pour une psychothérapie existentielle, 2015.

Les 10 Commandements du bon sens éducatif, 2014.

Deux à combattre l'anorexie. Guérir : journal d'une psychothérapie, avec Camille Cellier, 2013.

De l'adulte roi à l'adulte tyran, 2012 ; réédition « Poches Odile Jacob » sous le titre *Les Adultes tyrans*, 2014.

Un enfant heureux, 2010.

Génération Dolto, 2008.

Manuel d'éducation à l'usage des parents d'aujourd'hui, 2004.

« *Peut mieux faire* ». *Remotiver son enfant à l'école*, 2003.

De l'enfant roi à l'enfant tyran, 2002.

Livres pour enfants

Une journée avec Zoup (illustrations de Clèm), 2011.

Zoup va à l'école (illustrations de Clèm), 2013.

DIDIER PLEUX

EXPRIMER SA COLÈRE SANS PERDRE LE CONTRÔLE

Odile Jacob
poches

15, rue Soufflot, 75005 Paris

www.odilejacob.fr

ISBN : 978-2-7381-3850-7
ISSN : 1621-0654

À Ninou

Introduction

Une société d'abondance qui génère des individus insatisfaits, agressifs, colériques, n'est-ce pas inattendu ? L'humain, rassasié, ne devrait-il pas, au contraire, manifester sa joie de vivre et une grande sagesse au quotidien ? Et pourtant, la colère fait irruption dans nos vies sous n'importe quel prétexte : un collègue a fait des erreurs, mon conjoint ne participe pas aux tâches ménagères, j'ai choisi la mauvaise file d'attente, un voisin se montre gratuitement agressif sur un malentendu banal… Irritation, énervement, exaspération, impatience, indignation, agressivité, hargne, violence, colère rentrée ou explosion intempestive… Les formes que peut prendre la colère sont multiples. Chacun a sa façon de la vivre et de l'exprimer.

Mais, dans l'ensemble, la colère est acceptée, évaluée comme anodine. On consulte par exemple un psy pour anxiété ou pour dépression, rarement pour de la colère. Se rend-on seulement compte que c'est une émotion « négative » ?

Juste une façon d'être ?

Être colérique, n'est-ce pas juste un trait de « caractère » ? Sans doute, mais ce qui, chez certains, est passager, va, chez beaucoup d'autres, s'amplifier dans le temps, se développer à leur insu : les anicroches se font de plus en plus fréquentes, plus fortes, les petits conflits traditionnels se transforment en joutes incessantes.

Une façon de s'exprimer ?

La pseudo-satisfaction immédiate d'avoir « explosé » pour exprimer son ressenti apporte-t-elle un réel mieux-être ? Pas sûr. Je ne crois pas que l'expression de la colère aide le colérique. Elle peut au contraire s'autorenforcer. N'y a-t-il pas une confusion entre exprimer son ressenti, démarche des plus louables (je « parle » ainsi mon émotion), et vivre son émotion avec n'importe qui et dans n'importe quel contexte (j'impose mon émotion) ? Cette expression émotionnelle produit un grand stress chez son auteur et son entourage.

Une façon de communiquer ?

Ces « petites colères » sont bien humaines et il ne faut sans doute pas dramatiser ! Qu'y a-t-il de bien méchant dans une bonne altercation, un bon conflit ? Les querelles conjugales ne sont-elles pas incontournables, voire indispensables pour de nécessaires réajustements ? Les confrontations au travail n'apportent-elles pas une « plus-value » ? En réalité, ces « petites colères » peuvent transformer beaucoup d'entre nous en agresseur injuste, en redresseur de torts, en querelleur de haute volée, en dictateur domestique. Et elles ne produisent bien souvent que de la contre-agressivité.

Une façon de s'affirmer :
je suis colérique donc « je suis » ?

Le tempérament colérique est souvent associé à un tempérament d'acier, une forte personnalité, une personne de caractère… Un individu affirmé qui sait se défendre dans la jungle de la compétition sociale. Celui qui est agressif, qui domine, qui parle haut et fort, affirme sans écouter ne choque pas forcément. Il est souvent plus respecté, voire apprécié, que celui qui se montre trop sage ou trop discret.

Un tempérament fort ?

Et, en effet, pourquoi changer lorsque l'on voit que son tempérament, certes « difficile », apporte de nombreux bénéfices secondaires : admiration de certaines personnes plus « soumises », obtention de biens matériels à force de convaincre et d'affirmer… À quoi bon baisser d'un ton quand votre caractère vous a apporté la promotion sociale escomptée ? Pourquoi modifier ce qui donne le plus souvent le pouvoir sur les autres ?

Pourtant la colère est un signe de vulnérabilité et une émotion négative envahissante : elle nous dicte notre conduite de vie, est inefficace, autodestructrice, toujours douloureuse.

Dans mes consultations, je vois bien le mauvais côté de la colère : ses comportements destructeurs (pour les autres) et autodestructeurs (pour soi-même), un malaise de vie important, une grande souffrance. Rares sont ceux qui sont heureux de leurs crises de colère : au faux mieux-être immédiat (j'ai « sorti » ce que je ressentais) succèdent le plus souvent des sentiments de honte, de culpabilité, de non-maîtrise de soi et surtout d'inefficacité devant la réalité. Quand elle est inappropriée, et elle l'est presque toujours dans nos sociétés actuelles où la survie n'est pas l'enjeu quotidien, la colère signe une impuissance totale à résoudre les aléas de la vie… Elle engendre inéluctablement pour soi des sentiments et des comportements d'autodéfaitisme (je suis inefficace), avec son cortège d'autodépréciations qui peuvent parfois évoluer en sentiments dépressifs.

Bien gérer sa colère ne signifie pas renoncer à tout ou se « faire avoir » par tous, mais comprendre que notre colère est souvent disproportionnée et tout à fait inefficace pour affronter les problèmes rencontrés.

Apprendre à mieux vivre les inévitables frustrations du quotidien, à s'accepter et à tolérer que les autres ne soient pas exactement ce que nous aimerions qu'ils soient.

Ne plus accumuler une colère rentrée, ne plus exploser.

Être déçu, frustré, mais pas colérique. Bien exprimer, et non refouler, ses sentiments de contrariété. Telles sont les clefs du bon usage de la colère.

Vous l'avez compris, travailler sur sa colère est d'abord une remise en cause personnelle. Difficile de reconnaître que l'on est excessif lorsque l'on est en colère : on est en général convaincu de son bon droit. Et puis ce mode de fonctionnement nous apporte bien des bénéfices secondaires. Difficile donc de renoncer à ses colères. Mais salutaire et constructif.

Ce livre a pour objectif de vous guider pas à pas vers une bonne gestion de votre colère. Chapitre après chapitre, vous comprendrez comment celle-ci s'installe, s'autoalimente, comment vous pouvez la confronter aussi, à la réalité, pour mieux la maîtriser, la relativiser. Enfin, quelques conseils pratiques vous aideront à mieux réguler et exprimer vos sentiments de colère.

CHAPITRE PREMIER

La colère au quotidien

Petite ou grosse colère ?

➤ *Ça me tue !*

Quand j'entends mes patients colériques, leurs incontournables « c'est insupportable ! », « ça me tue ! » et autres « ça me prend la tête ! », je constate que nous sommes tous plus ou moins, et à nos heures, colériques. Certains petits « riens » peuvent vraiment nous mettre dans un drôle d'état. Que s'est-il passé au fait ?

- Le bus est en retard et nous sommes pressés ;
- un serveur au restaurant s'occupe d'un client arrivé après nous ;
- nous avons besoin d'un appareil ménager qui est en panne ;
- nous n'avons presque plus d'essence en voiture ;
- le temps est mauvais malgré une météo optimiste ;
- nous venons de faire une mauvaise manœuvre sur ordinateur ;
- notre voiture « cale » en plein embouteillage ;
- nous nous cognons le pied contre un meuble en nous levant le matin ;
- un ami ne nous rend pas rapidement un objet prêté ;

– la boulangère n'a plus de pain, etc.

Que ce soit contre soi, contre les choses ou contre les autres, nous savons rarement nous dispenser de nos réactions de colère.

Bien sûr, cette « liste » paraît, pour un tempérament non colérique, ou pour tout un chacun dans un moment serein et détaché, d'une grande incongruité, pour ne pas dire d'une grande stupidité. Cela peut même nous faire rire quand ce n'est pas nous qui subissons ces explosions intempestives. Comment expliquer pourtant que ces incidents de vie, aussi minimes soient-ils, ne suscitent guère notre amusement lorsque nous les vivons ? Pour mieux comprendre, commençons par observer la journée type d'un colérique.

➤ *Crise ou colère « douce » ?*

Rémi travaille avec moi pour mieux connaître ses réponses émotionnelles qu'il ressent comme inadaptées au travail. Nous avons évalué au cours du premier entretien que son émotion la plus fréquente est la colère. Il revient quelque temps après et comme je lui avais demandé de me faire la liste de tout ce qui pouvait créer des réactions colériques au quotidien, je lui en parle :

« Rien du tout ces derniers temps, pas une seule crise… », m'assure-t-il. Je le questionne un peu plus et découvre que Rémi, comme beaucoup de personnes colériques, confond les périodes de « crise » avec le ressenti de colère. La crise colérique, c'est l'émotion à son paroxysme, une explosion visible et bien sûr audible ! Mais l'état colérique est plus subtil : il est là, constamment, ne se révèle brutalement que lorsqu'un événement déclencheur exacerbe l'émotionnel. En fait, c'est un état de tension qui peut être jugé comme tout à fait normal et qu'il faut reconnaître par différents comportements, par des attitudes verbales ou non verbales (le langage du corps par exemple). Car Rémi, comme beaucoup d'autres, est civilisé et n'éclate vraiment que dans les « grandes » occasions. Pourtant, il est venu consulter parce que beaucoup de personnes qui travaillent avec lui se plaignent de son ton « normatif », de ses commentaires souvent péremptoires, de sa trop grande réactivité quand surgit un problème, de son manque d'écoute quand un collaborateur veut s'exprimer.

À l'inverse, le colérique se voit lui réactif, performant, véritable « leader » de ceux qui de toute évidence manquent de tonus et d'efficacité ! Ainsi, cette colère-là est admise, adulée, voire recommandée. Là encore, la confusion règne entre une attitude affirmée et un comportement agressif. La personne dite « affirmée » exprime ce qu'elle veut, ce qu'elle pense, ce qu'elle ressent tout en respectant ce que l'autre pense, veut et ressent. *A contrario*, un profil colérique dit ce qu'il conçoit, ce qu'il éprouve et ce qu'il exige sans jamais tenir compte des sentiments ou des vœux d'autrui. Cette attitude bien connue n'a pas besoin d'une « crise colérique » pour se révéler, elle le fait insidieusement par des comportements tels que « couper la parole ou la monopoliser », « décider pour l'autre sans jamais demander son avis », « réagir en solitaire au quart de tour sans jamais solliciter l'environnement », « ne pas laisser de place à la contradiction », etc.

➤ *Énervé… et bel et bien en colère*

Rémi et moi pratiquons un petit jeu de rôles pour prendre en compte sa qualité d'écoute. Rémi est estomaqué en visionnant la vidéo de voir à quel point il n'écoute pas son interlocuteur quand il s'agit d'un thème particulièrement sensible.

« Je parle tout seul, je n'écoute rien, mais sur le moment je ne m'en rends pas compte !... »

Je lui demande ce qu'il ressent à propos des sujets abordés.

« Je suis énervé... c'est vrai que ma conception du travail est un principe incontournable ! »

Et je ponctue : « Énervé... au point de ne plus entendre l'autre, c'est une colère sourde, rentrée, mais bel et bien une colère ».

C'est toujours à l'aune des comportements que génère une émotion que l'on peut qualifier celle-ci d'émotion adéquate (elle existe mais est régulée, relativisée et permet d'agir de façon rationnelle, donc efficace) ou d'émotion inadéquate (parce que suscitant des comportements irrationnels et inefficaces car hors réalité). Et Rémi de prendre conscience que cette colère « douce » va à l'encontre de ses vœux puisqu'il impose son discours là où il voudrait de l'information, démotive tel ou tel collaborateur là où il souhaite une stimulation, annule tel autre là où il croyait le gratifier, échoue à résoudre tel problème là où il pensait être réactif donc efficace.

Il conclut : « C'est vrai, quand je suis dans cet état d'excitation sur un sujet, quand j'entrevois une solution que d'autres ne voient pas, cela m'énerve et j'ai tendance à aller droit au but sans me préoccuper des autres... » (Et donc de renforcer ce qu'on lui reproche déjà : sa normativité, sa façon de donner des avis, des conseils qui ne révèlent que son propre jugement et non l'avis d'autrui).

Reconnaître son état colérique est donc indispensable pour comprendre la colère et tenter de changer ses réactions émotionnelles disproportionnées. Il n'est pas question de s'autoflageller mais d'être lucide.

La journée du colérique

➤ *Ces choses ennemies*

Pour Marc, sauter du lit et buter contre son réveille-matin devient vite un incident de vie majeur. Il repense à cette nuit infâme où il n'a pratiquement pas fermé l'œil… « Et ce réveil que je n'arrive pas à arrêter alors qu'il se trouve à la même place, sur cette même table de nuit, placée elle aussi au même endroit depuis des lustres… je le trouve enfin et le fais tomber… je me lève et je m'écrase l'orteil dessus… Ça me tue de commencer la journée par un massacre du pied sur un objet aussi ridicule, les objets sont d'ailleurs souvent contre moi… » Marc n'est pas paranoïaque et ne soupçonne pas un quelconque complot permanent, il est tout simplement colérique. Il poursuit son récit et me décrit ce lever « insupportable » :

MARC : « C'est sûr, je suis une poule mouillée… je ne devrais pas me plaindre… c'est tout à fait normal de prendre une bonne giclée d'eau bouillante le matin sous la douche, ça réveille ! »

LE THÉRAPEUTE : « Je n'ai pas bien compris… qu'est-ce qui vous a mis en colère après avoir marché sur le réveil ? »

MARC : « Je prenais ma douche, ma femme a dû mettre de l'eau froide dans une casserole, résultat, je me suis ébouillanté ! »… « C'est tout de même simple de ne pas utiliser les robinets de la cuisine quand quelqu'un est sous la douche… »

LE THÉRAPEUTE : « Et vous ressentiez ?… »

MARC : « Cette habituelle sensation au ventre, cette pression sur le plexus qui me donne envie de hurler à la face du monde : "J'en ai marre de vivre avec des gens aussi c…" ça me tue ! »

Chez Marc, l'émotion première est bien la colère. D'ailleurs, il l'exprime corporellement lorsqu'il ressent cette boule de nerfs près du plexus qui n'attend qu'une mince fissure pour exploser au-dehors. Mais pourquoi cette colère dès le lever ne reste-t-elle pas un simple agacement, une nervosité qui pourrait retomber dans l'oubli au premier sourire de sa femme ?

➤ *Montée en puissance*

LE THÉRAPEUTE : « Et vous n'arriviez pas à retrouver votre calme ? »

MARC : « J'ai respiré profondément, j'ai tenté de prendre sur moi, mais je sentais toujours cette hargne à l'intérieur dc moi et je savais qu'après la douche j'aurais un conflit avec ma femme, sous n'importe quel prétexte… » Marc s'efforce de minimiser le réel par une sorte d'autoconditionnement, de « relaxation », mais il est lucide, la colère monte en puissance et rien ne semble pouvoir l'arrêter. Il m'affirme avoir essayé de se dire quc tout cela n'est pas bien grave et qu'après tout sa vie n'est pas si difficile… Mais après sa pseudo-« rationalisation », sa femme qualifiera son regard de « tueur » quand il sortira de la salle de bains. Que s'est-il passé ?

Pour Paul aussi, jeune homme d'une vingtaine d'années, le monde des objets est un véritable chemin de croix. Rien ne fonctionne comme il le veut, l'ordinateur « plante », la radio est souvent inaudible… Des pensées quasi automatiques l'assaillent et mettent en route un cocktail émotionnel détonnant.

Paul dit : « Les objets sont toujours contre moi… » Cette pensée est *a priori* d'une grande banalité mais signe de façon typique certaines lois ou exigences des personnes colériques. Nous entendons derrière cette phrase l'attente d'un « monde où l'objet se doit d'être soumis à la volonté humaine et non l'inverse... » Bien sûr, nous ne saurions contester cette façon de voir et nous sommes bien d'accord qu'il est très souhaitable que tout objet (le plus souvent imaginé, conçu et façonné par l'homme) lui soit avant tout utile et renforce son accommodation au réel.

Mais Paul insiste : « L'objet doit se conformer aux attentes de l'humain puisque c'est un objet ! » Paul ne se rend pas encore compte que cette pseudo-« loi » est une exigence irrationnelle en complète contradiction avec la réalité des faits. Tel tire-bouchon est tordu et ne peut plus ouvrir les bouteilles ! Telle voiture tombe en panne le jour où il ne faut pas ! Telle plaque électrique ne chauffe plus le soir où nous invitons nos amis ! Tel transistor n'a plus de piles au moment précis d'une émission très intéressante... ! Inutile de passer en revue tous les dysfonctionnements bien connus des télévisions, magnétoscopes, micro-ondes, ordinateurs, téléphones portables, etc. La vie moderne nous rappelle constamment cette réalité ou « loi réaliste des objets » : *L'objet, même conçu par l'homme, ne se conforme pas toujours aux attentes de ce dernier.* Cette assertion nous paraît des plus réalistes parce que prouvable, justifiée par des centaines d'exemples quotidiens. Quant à la loi de Paul et à sa volonté de maîtriser les objets, elle ne peut que renforcer ses sentiments quasiment paranoïdes que « tout est lié contre lui, même les objets ». Et Paul ne ressemble-t-il pas étrangement à ce héros d'un roman de Fred Vargas[1] :

« Joss avait compris depuis longtemps que les choses étaient dotées d'une vie secrète et pernicieuse... le monde des choses était à l'évidence chargé d'une énergie tout entière concentrée pour emmerder l'homme. La moindre faute de manipulation, parce que offrant à la chose une liberté soudaine, si minime fût-elle, amorçait une série de calamités en chaîne, pouvant parcourir toute une gamme, du désagrément à la tragédie. Le bouchon qui échappe aux doigts en était, sur le mode mineur, un modèle de base. Car un bouchon lâché ne vient pas rouler aux pieds de l'homme, en aucune manière. Il se love derrière le fourneau, mauvais, pareil à l'araignée en quête d'inaccessible, déclenchant pour son prédateur, l'Homme, une succession d'épreuves variables, déplacement du fourneau, rupture du flexible de raccordement, chute d'ustensile, brûlure… C'est ainsi que les choses, animées d'un esprit de vengeance légitimement puisé à leur condition d'esclaves, parvenaient à leur tour par moments brefs mais intenses à soumettre l'homme à leur puissance larvée, à le faire se tordre et ramper comme un chien, n'épargnant ni femme ni enfant. »

➤ *L'objet doit répondre à mes attentes*

Paul évoque en effet cette permanente opposition des objets au quotidien. Et de me parler de ses colères quand il n'a pas le code de la porte, quand la photocopieuse est en panne, quand le téléphone sonne occupé, quand sa carte bancaire rate la borne d'encaissement au péage et qu'elle tombe sur l'asphalte, quand les feux de circulation restent longtemps au rouge, quand la batterie de la voiture est trop faible un matin d'hiver, quand, quand… la réalité ne répond plus à ses attentes, quand la vie n'est pas celle qu'il attend.

N'avez-vous jamais rencontré des Paul, capables d'entrer dans des colères insensées pour des peccadilles ? Qui n'a pas entendu et vécu ces cris démesurés pour un verre cassé, une bouteille renversée sur une table ? Qui n'a pas assisté à ces massacres de distributeurs de boisson et autres machines automatisées par un consommateur lésé et sevré contre son gré ?

➤ *Un café se doit d'être à bonne température !*

Que de choses insignifiantes avec le recul sont incontrôlables sur le moment ! Marc me prend à témoin et me raconte qu'il se sert le café que vient de préparer sa femme : il prend un sucre, remue à peine le liquide, prend une grande gorgée… et il se brûle ! « Ce n'est tout de même pas compliqué de prévenir quand c'est bouillant ! » avec en sous-titre : « Les choses ne doivent pas nuire… les autres doivent se comporter comme j'ai envie qu'ils le fassent… » Et Marc de constater que, après ses hurlements et récriminations, sa femme, bien sûr accusée de désinvolture et de méchanceté gratuite, se tait et rejoint la salle de bains en marmonnant un « C'est dur de vivre avec un caractériel ! ». Et lui d'avouer qu'il n'a pu que surenchérir pour prouver qu'il n'était caractériel que lorsqu'on lui donnait du café brûlant… Une nouvelle joute dès le matin… Paul ne se rend pas encore compte que de nombreux moments de vie sont gâchés par des incidents qu'il juge, mais un peu tard, tellement insignifiants. « Mais je ne peux pas me contrôler… sur le moment c'est intenable !… »

LE THÉRAPEUTE : « Que s'est-il passé ensuite ? » (Je soupçonne l'escalade de la colère.)

MARC : « Ma langue brûlée et se faire traiter de caractériel, la vie était belle… j'ai regardé le temps qu'il faisait dehors, il pleuvait… et mon imper qui n'était pas revenu du pressing… de la pluie en plein mois de juin !… j'étais excédé, je cognais des objets sur mon passage jusqu'à la porte d'entrée. »

Et puis le sommet quand il entend sa femme : « Tu sais qu'on vit en Normandie ! » Finalement, toujours aussi énervé, il prendra une cigarette et claquera la porte en partant.

Et la journée d'un colérique ne s'arrête pas au lever ! Voici la suite illustrée de ce « quotidien infernal ». C'est volontairement que je ne m'attarderai pas dans ce petit récit sur la colère sur le lieu de travail... celle-là mérite bien tout un chapitre ! (voir chapitre 3)

➤ *Le trajet lui-même...*

« Vous comprenez, me dit Anthony, un autre patient colérique, je ne cesse de gérer au mieux mon planning, moi qui suis souvent en retard au travail... et figurez-vous que l'autre jour j'étais énervé au moment du départ, je ne sais pas ce que j'ai fait mais j'ai noyé le moteur de ma voiture au démarrage ! » Plus Anthony tentait de redémarrer l'engin à coups de pied forcenés sur la pédale d'accélération, plus l'essence noyait l'allumage. Anthony me décrit une colère intense : « J'étais comme fou, je savais qu'il fallait laisser le moteur se reposer, je faisais tout l'inverse. » Le temps passait, rien ne s'arrangeait, il allait sans doute rater l'heure d'arrivée au travail : « Quelqu'un aurait cherché à me calmer à ce moment-là, je lui rentrais dedans... » Il opta pour une énième cigarette, rentré chez lui, but un café, reprit ses esprits, téléphona à son travail et redémarra une fois le moteur reposé. Mais sa conclusion est amère : « Je suis nul, se créer des rages pour des vétilles... je sais comment marche un moteur mais quand je craque... »

➤ *L'enfer, c'est les autres*

Quand ce n'est pas contre lui qu'il est en colère, le colérique construit un véritable champ de bataille dès qu'il entre en relation avec autrui. Tout est prétexte à conflit, chaque fait et geste de l'autre est source d'aigreur, de rancœur, jusqu'à l'explosion finale :

« J'étais à un quart d'heure du travail, je tombe sur ce type, ce "mou" qui bloque tout au péage… figurez-vous qu'il ouvre sa vitre lentement, sans doute à la main, une vitre même pas automatique à notre époque… et qu'il fait tomber sa carte bancaire ! Le temps qu'il lui a fallu pour la récupérer sous sa voiture, trouver la bonne ouverture pour l'insérer dans la borne automatique, le geste ralenti : deux de tension ! Des types comme ça c'est insupportable… », me confie Pierre, sexagénaire que le temps n'a pas assagi. J'essaye d'en savoir plus et lui demande de me décrire ce qui l'« insupporte » le plus dans la vie : les « mous ». « Ceux qui ne savent pas comment prendre rapidement de l'essence à une station-service automatisée… », « ceux qui refont dix fois la manœuvre pour retirer de l'argent dans un distributeur de billets… », « et dans les carrefours à l'anglaise, vous les avez vus ? incapables de décider s'ils doivent y aller ou non ! », « *idem* aux feux de circulation, c'est tout de même simple de démarrer au vert ! »… Sans doute Pierre, mais ces comportements trouvent le plus souvent une explication : une rêverie, ou un quelconque manque d'attention, une personne soucieuse, obnubilée par ses difficultés, ou, pourquoi pas une personne amoureuse, et peut être un « génétiquement mou », mais cela reste à prouver ! Sans parler des personnes âgées qui n'ont plus les mêmes réflexes, des tempéraments stressés qui peuvent faire le mauvais geste par anxiété, des personnes mal latéralisées (celles qui confondent la droite et la gauche et qui sont plus nombreuses qu'on ne le croit) qui hésitent dans les fameux carrefours ! De toute façon, Pierre, vous vivez avec des humains et, vous-même, êtes-vous si sûr d'être constamment concentré sur le réel, constamment réactif, efficace, exempt de tout souci, fatigue ou rêverie ?

➤ *Une course à faire ?*

Pour Luc aussi, les autres sont insupportables : « Et vous auriez vu ce type à la pharmacie… il avait toutes les maladies… fallait que je tombe sur le plus malade ! » Vraiment pas de chance pour Luc, il va à la pharmacie, persuadé qu'il ne rencontrera que des cas mineurs de la médecine, des gens simples avec un traitement tout tracé, des prescriptions d'une grande banalité. Bref, des quêteurs d'aspirine qui seuls ont grâce à ses yeux. Luc se croit au distributeur de médicaments. Je le lui fais remarquer : « Les pharmacies ont souvent une clientèle complexe ! » La réplique fuse, évidente pour Luc : « D'accord mais que les personnes qui ont de gros soucis de santé s'arrangent pour y aller dans la journée, pas dans les horaires de pointe, avec ceux qui travaillent. Sinon, c'est de la provocation ! » J'entends une nouvelle loi chez Luc : les pharmacies sont ouvertes aux cas sérieux uniquement en dehors de certains horaires ! « Surtout que j'étais pressé », conclut-il. Ajoutons donc cette autre loi : « horaires spécifiques en fonction des maladies pour ne pas gêner ceux qui travaillent et sont pressés ! ». Je lui fais part de cette « loi » et après un « ce serait super », il reconnaît que c'est absurde et il en rit : « Je veux vraiment que tout marche comme j'en ai envie ! »

Luc est lucide et conscient que l'un des composants majeurs de sa colère est : « Le monde devrait fonctionner comme j'ai envie qu'il fonctionne. »

➤ *Quand le colérique décide de se détendre…*

… cela peut être encore pire. Comme la vie peut être dure pour un colérique qui voulait justement se détendre sur le chemin du retour ! « J'écoute une retransmission d'un match de foot sur mon autoradio en rentrant chez moi et vlan ! la fréquence de cette station se retrouve brouillée pendant deux minutes, avouez que c'est insupportable ! » s'exaspère Olivier, ce jeune amateur de sport. Il reconnaît pourtant qu'il passe quotidiennement à cet endroit précis où la réception radio est défectueuse. Mais il y avait un enjeu important ce jour-là, cette réalité ne devait plus exister. C'est bien ce qui est formidable chez le colérique, il procède le plus souvent par pensée magique : je connais le réel, mais je le refuse quand je n'en veux plus !

➤ *La vie ne fait pas de cadeaux !*

Pas besoin d'évoquer les autres grands déclencheurs de colères irrationnelles : l'embouteillage dû à un accident lors de mauvaises conditions météo : « Et pourtant je le sais bien, chaque fois qu'il pleut sur le périphérique de ma ville il y a un accrochage ! ». Mais, ce jour-là, il « ne devait pas » y en avoir un puisque vous l'aviez décidé !

« J'achète le même journal depuis vingt ans, et il n'y en avait plus ce matin-là ! » Sacrée vie, plus de journal quotidien au lendemain d'une élection papale, c'était forcément imprévisible ! « Vous comprenez, que le buraliste en demande plus, c'est simple ! » mais aller au prochain kiosque pour réclamer ledit journal, ça non !

« Parce que ça vous amuse… me reproche Pierre … quand vous avez préparé toute une liste de courses et que vous ne trouvez pas certains produits ? Moi, cela me met dans tous mes états… » et le plus souvent, il s'agit bien évidemment du produit dont on a le plus besoin ! Et Pierre d'ajouter « sa » loi : « Au XXIe siècle, un magasin digne de ce nom ne doit pas être en rupture de stock ! » La rupture de stock devient donc une formule absurde. Dans le monde du colérique, rien ne doit heurter « sa » demande, « sa » réalité.

Si les irrationalités de Pierre pouvaient s'arrêter là ! De retour du travail, il avait donc prévu quelques achats mais n'a pu trouver la crème fraîche désirée, premier aléa qui le mine. Il décide de passer par la pharmacie, il s'y rend régulièrement pour traiter son hypertension. (Loin de moi l'idée de m'interroger sur une éventuelle corrélation entre les tempéraments colériques et l'hypertension artérielle…)

➤ *Quand la moutarde monte au nez !*

Pierre poursuit : « Je cherchais une place de stationnement et je vois ce type en double file, devant la pharmacie, warnings allumés ! » Qui n'est pas agacé par ces comportements certes égocentriques et incivils de conducteurs qui n'hésitent pas à bloquer la circulation pour acheter leur paquet de tabac, leur baguette fraîche ou leur tube d'aspirine ? Mais Pierre n'est pas seulement agacé… « Quand j'ai vu le type sortir de la pharmacie, j'ai klaxonné… il m'a fait un bras d'honneur en réponse, j'étais fou de rage, j'aurais été dans la rue, j'étais prêt à me battre, déjà, dans ma voiture, ça me titillait de lui rentrer dedans ! ». D'autres ne s'arrêtent pas là et les tribunaux correctionnels regorgent de ces passages à l'acte désormais d'une grande banalité pour des choses aussi peu importantes.

Pierre en convient et, à ma question : « Qu'est-ce que cela aurait donné si vous n'aviez pas contrôlé votre colère ? », il répond lucidement que « s'entre-tuer pour si peu n'est pas très finaud… ». Je lui demande : « Et dans quel état émotionnel vous a mis ce mal éduqué ? – J'étais à bout de nerfs… » J'ajoute : « Non seulement, la voiture aux warnings a fait ce qu'elle a voulu, vous n'avez rien pu changer à la situation, mais, en plus de la frustration ressentie face à son comportement, vous avez doublé la mise en vous endoctrinant avec votre colère ! – Comment ça ? demande

Pierre – Vous étiez doublement en colère : en colère d'avoir à supporter une incivilité de ce genre et en colère de constater l'impunité dans laquelle vivent ce genre de personnes… les auteurs d'incivilités ne devraient pas exister, devraient être sanctionnés !… » et Pierre de conclure par un « Oui ! » magistral.

La colère contre soi

« La plus redoutable colère vient de l'impatience de ne pouvoir maîtriser la colère » (Alain, *Sentiments, passions et signes,* 1935).

Le tempérament colérique est une source de souffrance, en premier lieu bien souvent pour le colérique lui-même.

➤ *En colère contre sa colère*

Le colérique se condamne pour ses réactions excessives. Dès le premier entretien, je suis frappé par la colère que ces patients éprouvent contre eux-mêmes. Alors que l'on s'attend uniquement à une longue liste de ce qui est reproché aux autres et à la vie en général, ils expriment aussi une colère contre eux, contre leur manque de tempérance, leurs excès qu'ils estiment être la marque d'une grande immaturité.

➤ *Je ne devrais pas me mettre en colère*

Michel, un patient colérique : « Vous savez, le proverbe “après la pluie le beau temps”, c'est tout faux pour nous les colériques ! C'est vrai, parfois, on se sent soulagé, piquer une bonne rogne, il y a un petit bénéfice juste après… puisque ce qu'on ressentait est sorti ! Et puis, rapidement, on s'en veut, on se trouve nul d'être de nouveau tombé dans les mêmes panneaux. Souvent, on rumine des “qu'est-ce que j'ai été c… de lui dire ça… quel nul d'avoir craqué devant untel… pauvre type qui fait fuir tout le monde…”, on se déteste, on a la rage contre soi… »

Ce patient n'a aucunement conscience de ce qui stimule et exacerbe sa colère. Il se sait colérique, sa femme lui rappelle sans cesse son comportement impulsif et agressif. S'il est colérique, il se doit de réduire sa colère, il lui faut redevenir « cool », « zen », comme il le dit souvent. Mais il a du mal à se contrôler et le « c'est plus fort que moi ! » va bientôt alimenter d'autres sentiments négatifs. Ses pics de colère le rendent peu à peu coupable, mal à l'aise, son estime de soi en souffre. Devant son impuissance à maîtriser certains aléas de la vie, à l'écoute des reproches de « ceux qui se contrôlent », il se juge de plus en plus négativement. Il risque dès lors d'éprouver des sentiments anxieux (que pensent les autres de mes comportements ?) ou dépressifs (je suis vraiment nul de ne pas réguler mes émotions).

Parfois, il vit le cercle vicieux de la « colère sur la colère ». Il se condamne désormais agressivement dès qu'il perd les pédales : « Ça me tue d'être aussi immature… je devrais gérer ce stress… c'est insupportable d'être aussi épidermique. » Au lieu de tenir compte de sa faiblesse et de rechercher les moyens de changer ses comportements colériques, Michel fait l'amalgame, se dévalorise entièrement, il ne parle plus d'une attitude à changer mais de sa personnalité qui serait entièrement inacceptable.

➤ *Je ne devrais pas être ce que je suis*

Être conscient qu'il faut abandonner ses colères est un premier pas important pour changer, mais la plupart du temps, je n'entends pas : « J'aimerais me tempérer », mais : « Je ne dois plus être comme je suis. » Cette injonction n'est pas stimulante pour se prendre en charge ou se remettre en cause, elle participe à l'autodépréciation : je suis nul d'être comme je suis. De même, au travail, en vie de famille, je n'entends que des « Je dois m'affirmer », « Je dois me valoriser », « Il faut que j'aie plus d'autorité », « Je dois être plus convivial », autant d'exigences sur soi qui ne tiennent aucunement compte de la réalité. Non, la question n'est pas pour un timide d'être extraverti, pour un triste d'être jovial, etc. mais de tenter d'améliorer ses habitudes, son tempérament, ses dysfonctionnements. La colère contre soi est avant tout la négation, le refus de ce que l'on est, de son bagage génétique, de son histoire, de sa singularité. Ce n'est pas une dynamique pour aller mieux, ressentir mieux, se comporter mieux, mais une arme contre soi, une atteinte profonde à son estime de soi. La colère pourrait aussi traduire un refus de soi, non pas le légitime souhait de changer, mais le désir insensé d'être surtout ce que l'on n'est pas.

Premières conclusions

À travers toutes ces anecdotes se profile un fil directeur commun, le fil rouge de la colère : Anthony, Marc, Paul, Luc, Michel et Pierre évoquent tous certaines attentes ou exigences sur le fonctionnement humain en général.

➤ *Des exigences irrationnelles*

Ces colères sont-elles liées à un danger quelconque ? Non, bien sûr, et rien ne justifie cette poussée d'adrénaline dans un magasin mal approvisionné, face à un citoyen peu civil ou lors d'une attente en pharmacie.

De même, nous avons tous connu un énervement intempestif devant une panne subite ou le mauvais fonctionnement d'un objet automatisé... Ces mini-incidents quotidiens peuvent prendre des proportions déraisonnables, irrationnelles lorsque des souhaits légitimes et louables (nous voulons tous que les choses marchent au mieux) se transforment en de véritables lois de fonctionnement pour la réalité en général. Un colérique ne se dit pas : « C'est malheureux d'avoir des objets qui nous embarrassent au lieu de nous être utiles... » Il se dit : « Cela ne doit pas exister », « c'est anormal ! » Il ne tient plus compte de la réalité, il veut la gommer. Quand Marc me raconte sa douche bouillante, il s'agit aussi des mêmes attentes irrationnelles. Il ne se dit pas : « Je n'aime pas savoir que ma femme ne pense pas toujours au phénomène si connu des vases communicants quand je suis dans la salle de bains... », mais « Tout humain se doit de penser systématiquement à cette loi simple... » Il est incapable d'imaginer que sa femme peut être quelque peu étourdie ou même toute à son projet de lui préparer un bon café et donc centrée sur son besoin immédiat d'eau pour la cafetière...

Ces attentes sont « irrationnelles » parce qu'elles ne répondent qu'à « leur » réalité et ne tiennent pas compte de « la » réalité. Elles majorent les désagréments quasiment incontournables du quotidien et amplifient une émotion appropriée telle que la frustration en émotion disproportionnée, la colère.

Le colérique ne distingue pas « sa » réalité, ce qu'il veut, de celle des autres, de « la » réalité.

➤ *Des absolus de pensée*

Tout ce système de pensée fondé sur ce que nous appelons, en psychologie cognitive, des demandes, des attentes ou des exigences irrationnelles, est fortement ancré chez le colérique : point de nuances dans ces pensées automatiques, le colérique a décidé une fois pour toutes comment doivent fonctionner les choses qui l'entourent, comment l'humain doit se comporter en général et comment lui-même doit agir. Il est bien question de pensées absolutistes, rigides dans leur quasi-logique mathématique.

➤ *Des colères incontrôlables*

Michel, Paul, Marc ont des automatismes de pensée, ils entendent leurs petites voix, celles-là mêmes qui sont censées faire d'eux des êtres qui « pensent ». Mais les voilà dominés par ces monologues intérieurs (qu'ils ne contrôlent évidemment pas). Ils sont victimes de leurs croyances habituelles, de ce qu'ils ont décidé de penser une fois pour toutes sur un certain nombre de sujets : les objets, l'empathie supposée d'un conjoint, la vie en général.

Tenter de rester « zen », de reprendre son calme, essayer toutes sortes de gymnastiques mentales autosuggérées pour redevenir cool ne suffira pas, le mal est plus profond. Tant qu'ils n'ont pas pris conscience de leurs pensées irrationnelles, qu'ils n'ont pas évalué et donc remis en cause la valeur de leurs attentes, ces colériques devront subir la loi de leurs émotions inadéquates, de leur colère.

➤ *Des lois aussi absolues que personnelles*

Les petites colères que nous avons vues obéissent à des lois qui ont toutes pour caractère commun d'être irréalistes (elles ne tiennent pas compte du principe de réalité) et absolues, dogmatiques pour son législateur colérique : « Autrui ne doit pas déranger, les "lents" doivent être vifs, les incivils éduqués, les clients habituels des pharmacies absents à certaines heures… » Peut-être, mais comment cela pourrait-il s'obtenir ? Certains ont su policer l'humain, souvenez-vous de l'obligation de marcher en sens unique sur les trottoirs de certains boulevards parisiens pendant l'occupation nazie ; l'ordre régnait, pas d'humains gênants à croiser sur ces trottoirs, souci d'efficacité… Mes patients colériques seraient-ils de cette obédience ? Quand j'échange sur ces régimes totalitaires qui ont su déshumaniser par souci d'efficacité, ils s'indignent, se rebellent et refusent tout amalgame. Ils ont raison, être colérique n'a rien à voir.

➤ *La justice doit régner !*

Car il s'agit bien de l'aboutissement des pensées irrationnelles qui habitent le plus souvent le colérique : « On doit punir ceux qui me gênent ou dysfonctionnent. » Pour des comportements inciviques, cela serait souhaitable, mais il est préférable d'être plus réaliste : « Je ne peux punir tous ceux qui fonctionnement mal. Que puis-je faire en tant que citoyen pour stopper les incivilités sans me conduire en justicier permanent ? » Car le risque du justicier est non seulement d'établir sa propre loi, mais de se donner le droit de la faire respecter, ce n'est plus « le » droit mais « son » droit.

➤ *Tout doit-il se passer comme je l'avais prévu ?*

Mes colériques vont-ils garder leurs exigences irrationnelles concernant la vie en général ou vont-ils, au contraire, penser plus rationnellement et tenir compte enfin de la réalité ? S'ils le font, ils intégreront peu à peu cette « loi réaliste » ou rationnelle que beaucoup d'humains ont plus ou moins acceptée de façon subconsciente. Désormais, quand on fait des courses, il est grandement souhaitable de se dire : « Je suis décidé à faire tel ou tel achat mais j'inclus qu'il est possible que je ne trouve pas le produit... » De même, pour les embouteillages, les carrefours, les péages, les stations-service, est-il si dur de substituer à la loi irrationnelle du *trafic non perturbé, péage libre, personne à la station, carrefour pour automobiles avec conducteurs réactifs* un souhait plus réaliste ? « J'aimerais que tout se passe impeccablement, mais je ne vis pas seul et même les humains rêveurs, lents, indécis ou maladroits ont le droit de vivre ! »

La différence est essentielle : pour le colérique, pas de souhait ni de préférence mais des exigences. Au « J'aimerais que cela se passe comme ci ou comme cela... mais... » de l'humain rationnel, réaliste, il substitue sans nuance son « Voilà comment il faut que ça se passe, comment tout doit fonctionner ! ».

Un point est positif chez mes sept colériques : ils ne sont pas dans le déni de leur colère. Ils n'en sont pas fiers, ils ne la comprennent pas, n'arrivent pas à la réguler mais reconnaissent que leurs réactions émotionnelles signent quelque chose qu'il faudra changer. Pour beaucoup d'autres, la reconnaissance d'un état colérique pose plus de difficultés.

CHAPITRE 2

Êtes-vous colérique ?

Des petites colères à la pathologie

Nous ne sommes pas tous égaux face à la colère, certains sont plus vulnérables que d'autres. La fréquence des crises et leur intensité vont éventuellement signer une véritable pathologie. Nous parlerons dans les chapitres suivants de cette colère qui n'a pas tout envahi, mais qui peut, comme tout tempérament ou comportement non maîtrisé, devenir très problématique. Tous les humains ressentent de l'anxiété, de la dépression ou de la colère à un moment donné de leur vie. Tous s'accordent à dire qu'il faut aider les personnes anxieuses ou dépressives, leur éviter de subir ce que tout le monde considère comme une grande difficulté de vivre. Moins pour la colère. Pourtant, cette troisième émotion négative aussi peut devenir une grande souffrance et non pas un banal excès de tempérament. Ce livre vise à aider certains à reconnaître et à modérer leurs colères pour mieux vivre avec soi, avec les autres et avec la réalité en général. Il vise aussi à en aider d'autres à ne pas se laisser entraîner dans le cycle infernal de la colère et basculer dans la pathologie.

Avant tout, il est souhaitable de bien observer, sans dramatiser, ces petits comportements colériques qui peuvent nourrir subrepticement une vraie pathologie de la colère. Les émotions exacerbées et les comportements excessifs n'apparaissent pas seulement fortuitement mais se développent et s'amplifient au fur et à mesure de la vie si rien n'est fait pour les gérer « en amont ». C'est donc en prenant au sérieux certains dérapages, qui semblent anodins, que l'on comprendra comment se construit la colère et ce pour mieux l'atténuer, la contrôler avant qu'elle ne nous domine entièrement.

Premier test : faites le point

Alors où en êtes-vous avec la colère ? Dans un premier temps il est utile de s'observer afin de reconnaître ou non chez soi l'existence d'une dominante « colérique ». Ce premier test ne doit pas vous alarmer, mais vous sensibiliser : prendre à la légère la colère, nous l'avons vu, ne saurait être une solution. La première marche vers un mieux-être émotionnel est de bien cerner vos dysfonctionnements.

Ce petit questionnaire n'est pas un test scientifiquement échantillonné et validé, il vous donne un indice sur votre tempérament. Quand nous parlons de la colère, il est bon d'identifier les « déclencheurs » mais aussi l'intensité et la fréquence de vos réactions. Être colérique, une fois de temps en temps, n'a évidemment rien à voir avec des comportements répétés, quotidiens, qui en viennent à submerger le reste. Le vrai colérique a les mêmes réponses de contre-agressivité très souvent (plusieurs fois par jour) à propos de situations qui se répètent et n'arrive pas à baisser ses réponses émotionnelles quand l'événement déclencheur intervient de nouveau. Comme dans tout excès émotionnel, le colérique est imperméable à l'expérience et la récidive de certains aléas provoque au contraire une augmentation de sa réponse colérique.

Cet événement peut-il déclencher votre colère ?	**Oui ?**	**Non ?**	**Avec faible intensité ?**	**Avec forte intensité ?**
1. Vous conduisez, vous êtes pressé et il y a un embouteillage.				
2. Au travail, vous êtes prévenu au dernier moment pour accomplir une tâche.				
3. Vous avez faim et le repas n'est pas prêt.				
4. Votre conjoint n'aide pas aux tâches ménagères.				
5. Votre enfant vous a menti.				
6. Le garagiste garde votre voiture et ne vous a pas prévenu à temps.				
7. Vous participez à une discussion et les arguments adverses ne sont pas les vôtres.				
8. Vous avez arrosé votre jardin et il pleut dix minutes après.				
9. Un collègue de travail vous fait une réflexion devant tout le monde.				
10. La personne que vous attendez est très en retard à votre rendez-vous.				
11. Une personne peu honnête a de grands succès professionnels.				

Cet événement peut-il déclencher votre colère ?	Oui ?	Non ?	Avec faible intensité ?	Avec forte intensité ?
12. Un collègue de travail ne parle que de lui, ne se préoccupe jamais de vous.				
13. Quelqu'un vous manque de respect.				
14. La personne avec qui vous discutez est de mauvaise foi.				
15. Vous arrivez à la station-service, elle est fermée.				
16. Un collaborateur au travail laisse sa tasse de café sans la ranger.				
17. La photocopieuse est en panne et vous en aviez un besoin urgent.				
18. Votre ordinateur mélange votre traitement de texte.				
19. Vous avez fait une fausse manœuvre, votre PC supprime le travail accompli.				
20. Quelqu'un téléphone alors que vous êtes occupé.				
21. L'autoradio se brouille alors que vous écoutiez une émission.				
22. Le programme de télévision que vous regardiez est interrompu de façon inopinée.				
23. Votre ami ne vous a pas téléphoné comme prévu.				

Cet événement peut-il déclencher votre colère ?	**Oui ?**	**Non ?**	**Avec faible intensité ?**	**Avec forte intensité ?**
24. Vous avez oublié d'envoyer un document à la date indiquée.				
25. Vous vous heurtez à un préposé particulièrement inefficace.				
26. Le médecin vous fait attendre beaucoup plus que prévu.				
27. Un « professionnel » tente de vous manœuvrer.				
28. Quelqu'un dit des sottises dans votre domaine d'expertise.				
29. Lors d'un repas, votre interlocuteur ne vous écoute plus.				
30. Le feu de circulation vient de passer au rouge parce que l'automobiliste précédent était lent.				
31. On vous coupe la priorité au carrefour.				
32. Quelqu'un utilise l'eau pendant votre douche, l'eau devient trop chaude ou trop froide.				
33. Votre enfant en bas âge vous désobéit.				
34. Votre enfant a de mauvais résultats scolaires.				
35. Une décision politique est prise alors que votre parti n'est pas au pouvoir.				

Cet événement peut-il déclencher votre colère ?	**Oui ?**	**Non ?**	**Avec faible intensité ?**	**Avec forte intensité ?**
36. Des gens fument dans la partie « non-fumeurs » du restaurant.				
37. Une grève de dernière minute arrête tous vos plans.				
38. Vous n'avez pas pu faire tout ce que vous aviez prévu lors d'un week-end.				
39. Vous aviez prévu un dîner entre amis à l'extérieur, il pleut.				
40. Le produit que vous vouliez acheter n'est pas disponible.				
41. Vous faites tomber votre tartine du petit déjeuner côté beurre.				
42. Il n'y a plus de shampoing quand vous êtes sous la douche.				
43. Au restaurant, vous venez de faire une tache sur votre chemise.				
44. Quelqu'un coupe la file d'attente dans une grande surface ou au cinéma.				
45. Votre conjoint vous critique devant d'autres personnes.				
46. Un invité n'apporte rien pour répondre à votre invitation.				
47. Quelqu'un s'arrête en double file pour faire une course, met ses warnings.				

Cet événement peut-il déclencher votre colère ?	Oui ?	Non ?	Avec faible intensité ?	Avec forte intensité ?
48. Une personne jette un emballage sur le sol.				
49. On vous prend la place de voiture convoitée sur le parking d'une grande surface.				
50. Vous avez un PV pour stationnement illicite.				

Pour certaines situations « déclenchantes » vous avez répondu « oui » et constaté une forte intensité. Dans ce cas, vous l'avez remarqué, il ne s'agit plus de petits sentiments colériques comme la contrariété, l'irritation, la frustration, l'amertume, l'aigreur, l'énervement, mais d'émotions plus fortes. La véritable colère traduit en effet une émotion intense comme l'aversion, l'exaspération, voire la fureur et parfois la « rage », la haine…

Résultats

Comptez un point par réponse « oui » et un point supplémentaire si vous avez évalué avoir ressenti une « forte » intensité :

• *Moins de 50 points*, beaucoup de choses vous agacent dans la réalité humaine mais les sentiments de colère restent d'une faible intensité : vous êtes agacé, irrité, frustré de certains comportements ou aléas mais savez faire la part des choses. Les chapitres suivants peuvent vous aider à mieux comprendre la réalité psychique du colérique au travail ou en famille.

• *Plus de 50 points*, la réalité vous heurte souvent : vous avez du mal à gérer vos émotions, certaines situations ou comportements vous sont « insupportables ». Attention à ne pas céder au cycle infernal de la colère et restez attentif aux chapitres suivants du livre.

• *Plus de 75 points*, nous pouvons faire l'hypothèse que vous avez un tempérament colérique, vous êtes très souvent « tué » par la vie et les autres en général, lisez attentivement ce livre.

Deuxième test : quel type de colérique êtes-vous ?

Quand vous êtes en colère, vous avez des pensées automatiques liées aux événements qui se produisent. Essayez de vous souvenir de situations qui vous ont mis en colère et surtout tentez de prendre conscience de ce que vous vous disiez à ce moment-là. Répondez par « oui » ou par « non » aux différentes pensées listées ci-dessous. Correspondent-elles à vos pensées habituelles en cas d'adversité ?

Lorsque je subis tel ou tel aléa, mes pensées les plus fréquentes à ce moment-là sont...	**Oui**	**Non**
1. L'autre était le responsable du problème.		
2. Mes colères prouvent que je suis fragile.		
3. L'événement qui a suscité ma colère n'aurait jamais dû arriver.		
4. J'aurais dû agir différemment pour éviter le conflit.		
5. Dans ce conflit, l'autre était de mauvaise foi.		
6. Je subis trop d'adversités dans la vie.		
7. Quelqu'un de normal n'a pas des réactions colériques comme les miennes.		

Lorsque je subis tel ou tel aléa, mes pensées les plus fréquentes à ce moment-là sont…	**Oui**	**Non**
8. L'autre est un incompétent (contexte de travail).		
9. J'ai du mal à comprendre les autres.		
10. Le quotidien devrait être plus facile à gérer.		
11. J'ai des difficultés avec ma vie relationnelle en général.		
12. Les autres devraient se mettre à ma place.		
13. Tout professionnel doit être compétent.		
14. Je ne sais pas exprimer mon « ressenti ».		
15. Lorsqu'on a tout fait pour réussir un projet, rien ne doit nous contrarier.		
16. Le monde devrait être plus juste et les mauvaises personnes devraient être punies.		
17. On ne devrait pas se mettre en colère pour si peu de chose.		
18. Je me suis mis en colère avec quelqu'un qui se comportait injustement.		
19. Le quotidien ne devrait pas nous « bouffer ».		
20. On ne devrait pas être ennuyé par les choses matérielles.		
21. La personne responsable du problème était méchante, me provoquait.		
22. L'autre a bien vu que j'étais susceptible.		
23. Je devrais avoir plus de chances dans ma vie.		
24. Les autres savent bien où sont mes failles.		
25. Les incivilités ne devraient pas exister.		
26. Lorsque des événements ont été vécus positivement, ils devraient se reproduire.		

Lorsque je subis tel ou tel aléa, mes pensées les plus fréquentes à ce moment-là sont…	**Oui**	**Non**
27. La personne qui a provoqué ma colère aurait dû agir autrement.		
28. Je devrais avoir moins de contraintes pour profiter pleinement de ma vie.		
29. Je suis nul de ne pas pouvoir me contrôler émotionnellement.		
30. Certaines personnes devraient se remettre en cause.		
31. Être parent ne devrait pas poser de problème.		
32. Les automobilistes doivent être réactifs.		
33. Je devrais m'alimenter correctement.		
34. Prendre du poids aussi facilement est insupportable.		
35. Les commerçants doivent être souriants.		
36. Je devrais pratiquer un sport.		
37. Les maladies ne devraient pas frapper les plus jeunes.		
38. Les jeunes devraient être moins immatures.		
39. Je devrais lire plus souvent.		
40. Les humains devraient vivre en paix.		
41. Les gens éduqués ne téléphonent pas n'importe quand.		
42. Je devrais être moins égoïste.		
43. Les ordinateurs ne devraient pas tomber en panne.		
44. Les personnes âgées doivent être sereines.		
45. Je devrais être moins paresseux.		

Trois types de colère

Il existe bien d'autres situations susceptibles de générer de la colère : certaines personnes se mettent en colère dès qu'elles voient un gardien de la paix verbaliser un automobiliste imprudent ou tout simplement mal stationné, d'autres « crisent » quand leur équipe de football favorite se fait battre par le dernier du classement et d'autres encore hurlent de rage quand ils se mordent la langue ou entendent les coups de fusil dès l'ouverture de la chasse. Autant d'individus, autant de colères et nous verrons dans les chapitres suivants comment chacun crée sa propre colère. Mais il est possible d'établir certaines classifications. Trois types de colère émergent du lot : la colère contre les autres, la colère contre soi et la colère contre la vie en général.

➤ *Contre les autres*

En psychologie, cette forme de colère peut se définir par un *locus of control externe*, c'est-à-dire l'attribution aux autres de la responsabilité de ce qui nous arrive comme règle générale. Ce n'est pas moi qui suis responsable de telle ou telle réaction mais l'autre, l'« extérieur », le lieu de contrôle m'est donc externe. Ainsi, ma voiture glisse sur une plaque de verglas, je m'en prends tout de suite à ces « incompétents de la DDE qui n'ont pas sablé la route » et surtout pas au fait que je sois sorti malgré la mauvaise météo et que je conduise un peu vite ou que je n'aie pas équipé ma voiture pour l'hiver. Non, point de remise en cause personnelle, mais une volonté farouche de voir le monde « fonctionner comme il doit fonctionner ». Si les patrons étaient moins patrons, si les syndicats ne faisaient pas de syndicalisme, si les gouvernants savaient gouverner, bref tout serait pour le mieux dans le meilleur des mondes. Sans parler des profils « perfectionnistes » que l'humain insupporte dans ce que justement il a de plus « humain » : la faillibilité. Non, un artisan peintre ne doit pas oublier l'arrière des radiateurs, non, un employé de banque ne doit pas tenter de nous convaincre d'acheter des titres en Bourse, etc.

Dans cette catégorie, nous retrouvons également le « colérique justicier », véritable Zorro du quotidien qui passe son temps à tenter de policer l'humain dans ses débordements : tout humain se doit de respecter les règles civiles, d'accepter la présence des autres et ne doit pas se comporter de façon individualiste. Pour cette noble cause, il invectivera celui qui se comporte égoïstement, mais le fera de telle manière (en colère) qu'il n'obtiendra que de la contre-agressivité. Nous avons aussi le « colérique jaloux » qui ne cesse de critiquer tous ceux qui font ce qu'il ne fait pas, tous ceux qui obtiennent ce qu'il n'a jamais et clame bien fort que « ce n'est pas normal, qu'il n'y a de la veine que pour les canailles ». D'autres encore éclatent de colère lorsqu'ils n'ont pas la reconnaissance qu'ils attendent : on devrait voir leur valeur, les autres doivent constamment les juger sur leur valeur réelle. La colère contre l'autre qui est, bien sûr, responsable de tout ce qui arrive de désagréable dans la vie.

Êtes-vous en colère contre les autres ?

Cotez un point pour chaque réponse « oui » aux pensées nos 1, 5, 8, 12, 13, 18, 21, 25, 27, 30, 32, 35, 38, 41, 44. Si ce total est le plus élevé parmi les trois types de colère, c'est que vous avez tendance, en général, à reprocher aux « autres » de provoquer votre colère : vous pensez que s'ils « dysfonctionnaient moins », vous n'agiriez pas de la sorte. *La colère contre les autres est bien cette croyance fondamentale que c'est à cause du comportement d'autrui que je me mets dans un état émotionnel aussi négatif. Ce sont les autres qui sont en cause, pas moi !*

➤ *Contre soi*

Cette colère signe parfois une faible « estime de soi ». Je me damne d'avoir des réactions aussi peu contrôlées, je me dévalorise constamment pour tout ce que j'entreprends ou réalise. Je ne suis pas à la hauteur de mes propres attentes et j'estime que les autres dysfonctionnent parce que je suis le premier déclencheur de leur comportement (par incompétence, manque de capacités, absence de valeur tout court). Je suis le vrai responsable de tout ce qui m'arrive et les aléas de ma vie sont la preuve formelle de mon inaptitude à appréhender la réalité. Je ne peux donc que m'en vouloir, me critiquer et cette forme de colère est une véritable autoflagellation.

Parfois c'est encore une volonté « perfectionniste » qui va générer ces pensées d'infaillibilité et donc de dénigrement de soi, dès que les choses que l'on fait ne sont pas parfaites. Cette exigence du « je me dois d'être infaillible » se traduit par de constantes colères contre soi à propos de ce que « l'on aurait dû faire dans telle ou telle circonstance » : jamais de satisfaction mais au contraire une colère à propos de tel ou tel détail ou imperfection.

Êtes-vous en colère contre vous-même ?

Cotez un point pour chaque réponse « oui » aux pensées n°s 2, 4, 7, 9, 11, 14, 17, 22, 24, 29, 31, 34, 37, 40, 43.

Si ce total est le plus élevé parmi les trois types de colère vous vous condamnez souvent, vous avez tendance à vous déprécier, vous n'acceptez pas d'être parfois « hors contrôle émotionnel ». Avoir des colères est, pour vous, une preuve de faiblesse. Contrairement à la colère contre les autres, vous n'attribuez vos dérapages émotionnels qu'à vous-même : votre *locus of control* est trop interne. Jamais la réalité n'a sa part de responsabilité, vous êtes seul en cause et vous faites de l'autodépréciation dès que la vie ne se déroule pas comme vous l'avez prévu. Tout aléa est preuve de votre incompétence.

➤ *Contre la vie en général*

Ce sont ces petites réflexions que l'on se dit dès qu'un événement vient contrarier notre volonté, quand tout aléa devient vite insupportable : je suis pressé et il y a des travaux sur la route avec feux de circulation alternée, insupportable… je n'ai pas mis de manteau et il neige alors que nous sommes en automne, insupportable… j'attends un train qui devrait être à l'heure, insupportable… les fruits achetés sont trop mûrs, insupportable… tel ou tel objet se brise quand je m'en sers, insupportable… Bref c'est insupportable de voir que la réalité « ne fonctionne pas comme elle devrait fonctionner ». C'est aussi ce que nous appelons la « colère-intolérance aux adversités quotidiennes ».

Êtes-vous en colère contre la vie en général ?

Cotez un point pour chaque réponse « oui » aux pensées n°s 3, 6, 10, 15, 16, 19, 20, 23, 26, 28, 33, 36, 39, 42, 44. Si ce total est le plus élevé parmi les trois types de colère vous avez sans doute une philosophie qui tend à refuser les frustrations et le principe de réalité. Le score au test précédent a dû déjà vous alerter sur votre tempérament colérique, le quotidien vous « tue » facilement.

Si le total des trois scores excède 30 points, ce petit questionnaire prouve une fois de plus que vous avez un vrai problème pour gérer votre colère, la lecture des chapitres suivants et leurs hypothèses de travail devraient vous aider à mieux maîtriser vos émotions négatives.

Quelles sont la fréquence et l'intensité de vos colères ?

J'entends bien, une crise de colère, c'est par moments. Bien heureusement, la plupart du temps en effet, les accès de colère apparaissent de façon ciblée et temporairement. Mais ce n'est pas une raison pour laisser la colère s'exprimer et ne rien faire pour la tempérer ; même si elle n'envahit pas votre quotidien à chaque heure de votre vie, il est grandement souhaitable de mieux la gérer car sans parler de pathologie, il y a souvent souffrance pour soi et les autres et c'est ce qu'il faut changer. Il est donc important de bien évaluer la fréquence de ces petits passages à l'acte et leur intensité.

Pour mieux savoir si votre colère est sporadique ou au contraire si elle commence à submerger votre quotidien, il est utile de bien évaluer la fréquence et l'intensité de votre colère. L'exercice suivant doit vous donner plus d'informations sur vos crises de colère.

• *Décrivez un événement qui a déclenché votre colère :*

....

....

....

....

Retrouvez parmi les 30 pensées du questionnaire précédent celle qui correspond à l'événement relaté et retrouvez le type de colère en vous référant au numéro correspondant à la pensée.

La pensée que j'ai à propos de l'événement relaté plus haut :

....

....

....

....

Pour connaître l'importance de vos comportements colériques, répondez aux questions suivantes sur la fréquence et l'intensité de vos réponses : quand j'étais en colère et que j'ai eu telle ou telle pensée, ce que je ressentais était-il inconsistant, faible ou fort ?

• Quelle était l'intensité de votre colère ?

0 10 20 30 40 50 60 70 80 90 100

Nulle Faible Moyenne Forte Extrême

Cette colère que j'ai ressentie pour l'événement en question, est-ce que je l'éprouve très rarement ou bien, au contraire, est-ce qu'elle devient de plus en plus présente dans ma vie de tous les jours ?

• Quelle est la fréquence de votre réaction colérique ?

0	10	20	30	40	50	60	70	80	90	100
Très rare		Rare		Fréquente	Très fréquente			Quasi quotidienne		

Vous remettez-vous en cause ?

Vous n'avez pas le choix : il s'agit bien de vous remettre en cause si vous voulez vivre mieux sans vos colères. Mais quand on est colérique veut-on vraiment changer ? Nous l'avons vu avec les différents témoignages, les colériques sont très exigeants envers les autres. Ils savent ce qu'ils reprochent aux autres, mais sont-ils vraiment lucides sur leur propre dysfonctionnement ? J'ai repris le témoignage de patients venus me consulter volontairement et qui avaient donc, *a priori*, le souhait de « travailler sur eux » pour changer. Mais beaucoup ne veulent pas entamer une psychothérapie pour corriger une émotion qu'ils pensent justifiée. Après tout, une bonne colère signe une forte personnalité, être exigeant envers soi et les autres est une qualité. Nous le verrons, il existe sans doute de « bonnes colères », mais le plus souvent je l'entends comme une sorte de rationalisation ou mécanisme de défense pour justifier ses excès de colère. Les colères vraiment justifiées sont malheureusement rarissimes. S'avouer colérique n'est pas chose facile et soyons francs, les colériques qui viennent consulter sont le plus souvent « conseillés », voire « contraints » à consulter par un parent, un conjoint, un collègue de travail. Alors pourquoi remettre en cause un comportement colérique, pourquoi se remettre en cause ?

CHAPITRE 3

Pourquoi changer ? Contenir, exprimer ou exploser ?

Si vous vous êtes retrouvé dans les tests du chapitre précédent, vous n'aurez peut-être pas envie pour autant de vous mettre subitement à changer votre attitude. Vous vous dites peut-être que c'est un mode de fonctionnement qui vous convient plutôt bien ?

Avant de pouvoir aider à lutter contre cette émotion négative et néfaste, je me heurte le plus souvent à des affirmations qui tendent à justifier à tout prix la colère. Faut-il vraiment faire l'effort de changer ? N'est-ce pas là simplement votre caractère (dont vous êtes d'ailleurs plutôt fier) ? Vous ne pouvez pas être un autre que vous-même ? Vos proches ne devraient-ils pas d'ailleurs vous aimer tel que vous êtes ? N'êtes-vous pas bien plus juste, honnête, loyal et franc que beaucoup d'autres ?

Pourquoi changer lorsque l'on voit que son tempérament, certes « difficile », apporte de nombreux bénéfices secondaires : admiration de certaines personnes plus « soumises », obtention de biens matériels à force de convaincre et d'affirmer ? À quoi bon baisser d'un ton quand votre caractère vous a apporté la promotion sociale escomptée ?

Et surtout, pourquoi modifier ce qui donne le plus souvent le pouvoir sur les autres ?

Idées fausses sur la « saine colère »

➤ *Un tempérament d'acier… valorisant*

Le mythe du « chef de meute » court toujours : l'humain « dominant » est bien celui qui n'hésite pas à imposer sa loi aux autres quitte à les rudoyer et à les soumettre par son agressivité. Le comportement agressif remonte à la nuit des temps, à cette époque où survivre rimait avec annuler le gêneur, l'ennemi, l'autre. Le mythe du « mâle guerrier » séduit encore et nombreux sont ceux qui croient encore que l'autorité ou la reconnaissance sont dévolues aux plus forts. Les tempéraments plus « passifs », non belliqueux, ne sont que l'image de profils faibles, non virils pour les hommes, voire dépressifs. À ce titre, il existe une certaine parité : désormais, l'image d'une femme actuelle « dominante » devient le leitmotiv de la publicité des marchands qui ne fait que reprendre les grands thèmes de la société de consommation : le mieux-être par la maîtrise de soi et surtout des autres. L'humain dominant est bien celui qui ne sourit guère, dont le regard est souvent assassin, celui qui n'hésite pas à combattre, quel que soit l'adversaire : qu'il soit commercialement ou professionnellement concurrent, socialement différent ou simplement conjoint en famille. L'autre devient l'ennemi et la colère l'arme absolue.

➤ *Pas question de se laisser dominer*

Puisque les autres nous agressent, doit-on constamment prendre sur soi, éviter les conflits et être au final de simples dominés ? Toujours cette même confusion entre la nécessaire affirmation de soi, voire agressivité comme moyen de défense, et l'expression de la colère injustifiée et disproportionnée au quotidien. Si la colère peut être utile pour lutter contre les tyrannies et les abus en tout genre, en quoi est-elle défendable lorsqu'il est question de crises colériques au travail, en famille et dans la vie en général ? N'y a-t-il pas des moyens plus doux et plus efficaces de se faire entendre ?

Dans le climat actuel du « chacun pour soi », la formule chrétienne du « tendre l'autre joue », de pardonner à autrui, semble inappropriée car souvent interprétée comme de l'extrême docilité. En effet, beaucoup entrevoient le risque que d'autres, les plus forts, vont profiter de ce qu'ils estiment être de la faiblesse. Et bien vite l'amalgame se fait entre la volonté de pardonner, la gentillesse, la sagesse et le manque de personnalité.

Marie, maman de Jules, vient consulter : « Jules est timoré, n'ose rien dire à la récréation… il a sept ans, je ne voudrais pas qu'il devienne le bouc émissaire de sa classe… » Marie me demandait d'aider Jules à devenir plus agressif, car, pour elle, « Ce n'est pas normal de ne jamais faire de colères ».

LE THÉRAPEUTE : « Mais pourquoi faut-il qu'il soit plus offensif envers les autres ? »

MARIE : « Vous le savez bien, s'il se laisse faire, il souffrira toujours des plus forts que lui ! Et puis je l'ai lu, un enfant sage ce n'est pas bon, cela prouve qu'il manque de personnalité, qu'il est docile… »

Autre croyance psy classique : la sagesse d'un enfant, l'absence de comportements colériques ne fait que traduire une profonde névrose, un manque d'estime de soi et de confiance en soi. Qu'un tout-petit apprenne à s'affirmer pour contrer les attaques d'enfants mal élevés, certes, mais lui donner les armes de la colère pour communiquer ? Non,

Marie, la colère, contrairement à la légende, n'apporte rien de bon : si elle semble donner des résultats « matériels » à court terme (j'obtiens ce que je veux grâce à l'agressivité), elle ne crée que des ruptures relationnelles à moyen et long terme. Il existe bien d'autres moyens d'obtenir, tout en gardant le lien social : les techniques dites d'affirmation de soi qui ne sont ni « passives » – je subis tout – ni « agressives » – je fais subir pour m'exprimer et obtenir. Et où est-il écrit qu'un enfant plutôt sensible, voire introverti, signe une pathologie ?

➤ *Ce sont les autres qui me mettent en colère !*

Antoine, un autre patient colérique venait de remplir le questionnaire : « D'accord je suis un peu dans le rouge, mais comme le disent les questions de votre test, les autres me provoquent sans cesse ! » Effectivement, après la passation du test, certains vont penser que beaucoup d'événements déclencheurs de la colère sont, certes, dus à certains aléas de la vie mais aussi et surtout au comportement « insupportable » des autres. Qu'il s'agisse de l'attitude provocatrice d'un enfant ou d'un conjoint, du comportement agressif d'un patron ou d'un collègue de travail, de l'incompétence ou de la mauvaise foi de tel ou tel professionnel, rien n'est fait pour calmer notre tempérament ! Il n'est pas question de subir la loi des autres, une bonne dose d'agressivité n'est pas de trop pour s'affirmer dans cette jungle ambiante…

➤ *Être colérique est salutaire !*

Pour Darwin, l'expression des émotions sert à communiquer notre état émotionnel aux autres.

« Aristote considérait par exemple la colère comme une réponse raisonnable à l'insulte et un certain nombre de philosophes l'ont rejoint sur ce point[1]. » Certaines colères peuvent donc faciliter la communication : j'exprime, fortement certes, un état de frustration, de désaccord, parfois de souffrance, un sentiment d'injustice ou d'impuissance.

« Mais c'est pour éviter de prendre plus de coups ! » assurent certaines personnes, car les comportements violents, les incivilités existent bel et bien, nous ne rêvons pas ! Cette pseudo-loi du talion viserait donc à nous protéger par la colère de nos éventuels agresseurs. Et ça marche ? Là où l'on croit que la colère va nous défendre, nous aider à nous affirmer, nous obtenons strictement l'inverse. La colère ne joue pas avec les attributs de la violence guerrière, elle n'en a pas les armes. Le plus souvent, l'« agresseur » ne sera pas vaincu ou annulé et notre colère ne fera qu'amplifier les désaccords, les querelles, les conflits. Et toute attaque justifie la contre-attaque !

La colère semblerait donc naturelle et parfois culturellement recommandée. Elle est souvent un comportement admis et certains vont jusqu'à dire que notre « culture latine » nous prédispose à exprimer nos sentiments quels qu'ils soient. La colère affirme notre existence, quoi de plus normal dans un contexte « individualiste ». Et puis aurions-nous pu devenir la patrie des droits de l'homme sans la colère des sans-culottes ? Colère et expression, colère et révolution, colère et légitime défense ou combat justifié. Cette colère-là est sans doute noble, quand l'homme décide de se battre, de se révolter pour des valeurs universelles, pourquoi pas ? Mais au quotidien existe-t-il des colères justifiées et bénéfiques ?

➤ *C'est bon pour le psychisme*

La pensée psychanalytique reprend cette croyance tenace : exprimer ses sentiments de colère aide à les réduire ! C'est le fameux modèle « hydraulique » des émotions créé par S. Freud et repris par W. Reich : les sentiments de colère s'accumulent au fil du temps et créent un véritable réservoir d'énergie négative. Si vous ne relâchez pas cette énergie vous risquez l'implosion qui se traduira en problèmes psychosomatiques, maladies et autres troubles émotionnels. Il faut libérer la tension et libérer sa colère devient cathartique. Mais la théorie hydraulique de S. Freud est-elle fondée ? Lorsqu'elle prédit une augmentation des troubles si vous tentez de refouler, de réprimer vos sentiments de colère et qu'elle annonce les ulcères à l'estomac, une hypertension artérielle et divers problèmes psychosomatiques, elle semble oublier l'état des personnalités colériques qui laissent libre cours à l'expression de leur colère au quotidien : ceux-là présentent aussi de nombreux troubles physiologiques.

➤ *Il ne faut pas refouler ses émotions*

La colère est-elle vraiment un exutoire ? Garder constamment son « ressenti » n'est guère propice à une bonne santé mentale, tout le monde en convient. Nous avons tous en mémoire ces personnes qui ne s'expriment pas, « prennent sur elles » et dont la souffrance interne, qui ne peut jamais s'évacuer, stimule quantité de souffrances psychiques et parfois physiques, pour ne pas dire psychosomatiques. Montaigne exprimait ce danger de contenir les émotions : « J'aimerais mieux produire mes passions que de les couver à mes dépens ; elles s'alanguissent en s'éventant et en s'exprimant ; il vaut mieux que leur pointe agisse au-dehors que de la plier contre nous. »

Oui, cela fait du bien de « sortir » ce que nous ressentons, mais n'existe-t-il pas là une grave confusion ? Quand il s'agit de dire son angoisse ou sa dépression, il est tout à fait recommandé de le faire : laisser enfouis des sentiments anxieux ou dépressifs ne va que les amplifier. C'est un appel au secours et, la plupart du temps, celui qui parle de sa détresse intérieure quête l'aide, l'écoute, la compréhension, le soin chez l'autre. Il demande de la reconnaissance et de l'empathie, autrui n'est pas nié ou attaqué mais sollicité. De la même façon, quand quelqu'un parle de sa colère, et qu'il ne l'agit pas, il y a aussi une véritable catharsis émotionnelle.

Mais nous évoquons ici les émotions négatives « adéquates » : celles qui peuvent encore vivre et s'exprimer de façon appropriée. C'est souvent l'objectif des psychothérapies : dire dans un lieu où l'émotion peut être parlée. Ce n'est bien sûr pas le seul lieu.

➤ *Il faut exprimer son ressenti*

Exprimer un sentiment de colère n'est pas « exploser » en colère. Dire à son enfant « ce que tu viens de faire me met en colère », parler en réunion de travail de sa « colère de supporter seul un projet », confier à son conjoint que son attitude en famille vous a « mis en colère », autant d'expressions justes et qui peuvent être entendues et comprises. Et nous le savons bien, si dire notre émotion permet l'écoute, elle s'affaiblira d'autant : c'est le bienfait même de la communication, parler sa souffrance mais aussi ses aigreurs et ses frustrations. Bien souvent, la parole ne réduit pas la colère mais semble l'amplifier. Un phénomène d'escalade surgit, il ne s'agit plus d'émotion exprimée mais d'un débordement de ressenti qui ne s'apaisera que dans la fuite, l'évitement ou parfois dans la violence. Ce « crescendo » que connaissent bien les colériques : « Au début, je discutais avec ma femme, j'étais plutôt énervé mais je contrôlais... et puis, au fur et à mesure, je sentais que ça montait, ça montait... je ne sais pas ce qui m'arrivait mais plus elle me répondait, plus j'en rajoutais et plus je me sentais violent... les mots entraînaient au contraire d'autres mots encore plus forts... je ne contrôlais plus rien... je l'aurais frappée si je n'étais pas sorti... »

Les mots pour le dire, cela suffit-il vraiment pour exprimer et régler ses sentiments de colère ? Parfois oui, souvent non, cet effet soupape de la parole ne serait pas l'unique hypothèse pour apaiser la colère ; nous verrons plus tard, *a contrario*, que les mots peuvent être de véritables déclencheurs et amplificateurs de la colère.

➤ *La colère se maîtrise facilement*

Beaucoup pensent savoir maîtriser leur colère. « Mais j'arrive à me contrôler facilement », me dit Olivier, patient d'une trentaine d'années qui consulte pour de nombreux conflits au travail. Et il poursuit : « Je sais gérer ce stress, un peu de sport le week-end et tout rentre dans l'ordre pour le lundi suivant... » Et quand j'enquête un peu plus sur sa façon de « contrôler la bête », il m'avoue fumer plus qu'il ne faut, prendre de nombreux cafés au travail « pour se calmer », ne pas rechigner devant un apéritif quotidien à la maison et quelques « joints » en fin de semaine. Bref, toute une panoplie de comportements plus ou moins addictifs pour tenter de maîtriser la colère. Loin de moi l'idée d'établir une corrélation systématique entre les profils colériques et les addictions mais, comme pour toute émotion disproportionnée, il est logique que l'humain cherche constamment à réduire le malaise qu'elle suscite. Et quand la colère est tempérée par un quelconque produit, rien n'est bien évidemment réglé : le colérique redoublera ses colères lorsqu'il ne pourra plus utiliser sa substance magique, les conséquences de ses passages à l'acte amplifieront son malaise et exigeront bientôt de reprendre les produits anesthésiants. Ainsi, ce patient d'une quarantaine d'années qui me confiait utiliser le cannabis pour être plus « cool » en fin de journée. Dès le lendemain matin, sa colère, non seulement inexprimée mais non traitée, resurgit à la moindre frustration du quotidien et appelle en retour une nouvelle prise de cannabis ; celle-ci le rendra encore plus sensible aux aléas de la vie et suscitera de nouveau la consommation du calmant… toute la mise en route du processus de l'addiction.

➤ *Petite pluie abat grand vent ?*

Après la pluie, le beau temps… combien de fois « mes » colériques m'affirment que leurs « crises » sont de courte durée et que tout se rétablit bien vite. Ils ajoutent d'ailleurs : « C'est moi, je suis fait comme ça, il faut m'accepter avec mes hauts et mes bas… cela ne dure jamais longtemps. » Et quand on évoque un « caractère soupe au lait » c'est pour mieux argumenter sur le fait que ce n'est que passager, que la colère surgit sans contrôle mais qu'elle s'éteint aussi vite qu'elle est survenue et qu'elle n'est pas si difficile que cela à endurer pour ceux qui la subissent : « Ils me connaissent, je ne suis pas un mauvais bougre… une bonne colère et c'est fini, on n'en parle plus ! » Dans un premier temps, la colère s'inscrit rarement dans la durée mais opère par « clashs », des crises aussi soudaines que brèves et les périodes de rémission laissent de l'espoir. Mais les dégâts sont réels et cet « après la pluie, le beau temps » n'est qu'une courte accalmie. Ceux qui vivent avec les colériques le savent bien.

Ainsi en est-il de Marie quand elle parle de son époux : « Il me demande toujours pardon après ses crises de colère. Il me dit qu'il n'a pas pu se contrôler. C'est vrai qu'il retrouve son calme, qu'il redevient apparemment lucide, qu'il s'excuse pour les mots, les invectives… mais le mal est fait, les paroles font souffrir, son attitude fait peur, il dit des choses tellement dures dans ces moments-là… et puis c'est plutôt “après le beau temps, la pluie”, les périodes de calme sont de plus en plus courtes, c'est comme si le tempérament s'aggravait avec le temps. » Et c'est ce que nous avons déjà vu, la colère appelle la colère et si elle n'est pas prise au sérieux, elle engendrera de nouvelles crises de colère, plus fréquentes, plus intenses. Alors est-ce vraiment raisonnable de s'enfermer dans cette guerre de Cent Ans que génère la colère au quotidien ? Et puis qu'exprime-t-on avec la colère ? Que règle-t-on par la colère ? Qu'obtient-on avec la colère ? Qui subit la colère ?

Vrai : les bienfaits de la colère

Soyons justes, il est impossible de ne pas voir certains bienfaits de la colère.

➤ *Des « bonnes » colères…*

Sur le plan énergétique d'abord. Où un sportif puiserait-il sa force pour se dépasser lorsqu'il est seul ou en équipe pour vaincre l'adversaire ? Ceux qui ont pratiqué un sport savent qu'ils ne peuvent poursuivre leur objectif que s'ils trouvent assez de « gnaque » ou de « hargne » en eux.

Et ce sentiment est souvent l'enfant d'une colère : l'« autre » a fait telle ou telle chose, je me sens attaqué, vexé, annulé, il va voir de quoi je suis capable… oui, cette colère-là donne satisfaction : elle nous autorise à surmonter les obstacles de la fatigue, des craintes, des désirs d'abandon, voire de soumission. Les entraîneurs sportifs le savent bien, rien ne vaut une bonne colère à la mi-temps pour galvaniser les troupes qui reviendront sur le terrain avec l'ardeur nécessaire. La colère donne cette volonté de gagner, mais elle est régulée : dans le sport, il existe toujours un objet (un ballon par exemple) et des règles (du jeu) qui savent transcender et freiner les sentiments de colère pour contre-attaquer, offenser, vaincre. Quand le « cadre » devient insuffisant, que l'arbitrage est impuissant, que l'enjeu dépasse le bon entendement, la colère « sublimée » redevient primitive, et ce sont les phénomènes de hooliganisme et les violences gratuites chez les pseudo-supporters, ou chez les sportifs eux-mêmes, qui prennent le pas.

La colère ne serait bonne que maîtrisée, mais est-ce toujours possible ?

➤ *Savoir se défendre*

La colère n'est pas utile que pour les exploits sportifs. Ce sentiment nous aide aussi à trouver l'énergie nécessaire pour ne pas abandonner ou nous soumettre trop vite dans telle ou telle situation conflictuelle. Si nous n'avions pas cette colère qui stimule notre dynamisme, pourrions-nous revenir voir tel artisan qui n'a pas fait correctement le travail demandé ? Oserions-nous réclamer un objet prêté depuis de longues semaines et jamais rendu ? Refuserions-nous ce pain décongelé chez le boulanger ? Serions-nous capables de demander une augmentation à notre employeur après de longs mois d'attente ? Insisterions-nous pour rencontrer une personne après de multiples dérobades ou refus ? Cette colère est donc parfois utile pour exister, refuser, demander, insister, réclamer et s'avère positive dès qu'il s'agit de nous défendre ou de nous faire entendre. Et parfois il s'agit bien de la défense de nos valeurs quand autrui tente, volontairement ou non, de les annuler. Sans évoquer la défense de nos droits civils, économiques ou politiques (de la colère des électeurs jusqu'à celle des révolutionnaires...), il faut bien reconnaître que notre colère sait convaincre quand les « autres » outrepassent leurs droits ou quand les nôtres sont négligés.

➤ *Affirmer ses droits*

Sans ce petit pincement au cœur ou cette montée d'adrénaline, aurions-nous la force de demander au petit jeune de céder sa place dans le métro à une personne âgée ? Pourrions-nous faire remarquer à telle autre personne « pressée » qu'elle vient de vous envoyer la porte du magasin dans la figure ? Tenterions-nous de reprendre notre place volée dans une file d'attente de cinéma ? Ferions-nous la remarque à tel passant qu'il pollue le trottoir avec son mégot ? Dirions-nous à tel autre que son stationnement en double file crée un embouteillage ? En fait, oserions-nous freiner toutes ces incivilités qui nous assaillent si nous n'avions pas la moindre dose d'agressivité, donc de colère ? Or, nous le savons, cette quête de « ce qui doit être » est belle, mais est-elle raisonnable quand l'agresseur est sur un registre colérique majeur ? Entre le rêve de Lénine[2] de voir un jour l'humain se policer par ses propres interactions et la réalité des provocations inciviles, n'est-ce pas du plus grand romantisme de vouloir toujours intervenir ? Pourtant je suis d'accord, attendre la répression policière n'est pas une solution et si tous les citoyens pouvaient trouver assez de colère pour affirmer leurs droits sans agresser et sans provoquer la riposte des agresseurs, ce serait un premier pas vers un idéal civil. Mais lorsque l'on s'affirme sans baisser sa colère, nous ne sommes guère convaincants et ne provoquons chez l'autre, l'automobiliste incivil par exemple, qu'une contre-agressivité et non le changement souhaité.

➤ *Défendre ses valeurs*

Le sentiment de colère nous aiderait donc à nous affirmer dans certains cas. Les personnalités anxieuses le savent bien et souffrent de ne pas ressentir cette petite dose d'agressivité qui permet souvent de vaincre ses peurs, le regard de l'autre pour obtenir satisfaction. Combien de personnes m'ont dit leur peur de déranger, d'ennuyer, de blesser autrui quand il s'agissait pourtant d'une légitime défense de leurs droits ou de leurs valeurs. Ainsi, en famille, tel parent n'ose pas gronder le tout-petit qui vient de transgresser un interdit sous prétexte de ne pas supporter les pleurs qui suivront la réprimande. Et, pourtant, certaines colères parentales, suivies de « conséquences » et non d'une escalade de reproches stériles, sont des plus appropriées pour stopper des comportements infantiles excessifs. L'enjeu est toujours le même : utiliser l'énergie de la colère sans ses débordements, les excès et autres « je suis parti en vrille ». Arrêter fermement son enfant quand il fait une grosse bêtise sans lui donner la fessée, demander au collègue de travail égoïste de nous remplacer lorsque nous voulons partir plus tôt un soir, sans tomber dans une agressivité verbale s'il n'abonde pas dans notre sens, affirmer notre bon droit quand un policier nous interpelle sans raison sans nous lancer dans une contre-agressivité qui entraînera inéluctablement un « outrage à agent », etc.

La réalité de la colère

➤ *La colère n'est pas risible*

« Ectoplasmes !... Marins d'eau douce !... Bachi-Bouzouks !... Ornithorynque !... Boit-sans-soif !... Cercopithèque !... Schizophrène[3] !... » Nous nous souvenons tous des colères du capitaine Haddock. Certaines invectives se révélaient justifiées quand il s'adressait aux « méchants » de toutes sortes. Dans *Coke en stock*, il injurie le négrier qu'il vient de découvrir et ce dernier s'enfuira sous les insultes. Haddock, parvient-il vraiment à ses fins avec ses colères homériques ou signe-t-il tout simplement un aveu d'impuissance ? La colère est bien une expression émotionnelle mais atteint-elle le résultat escompté ? Le trafiquant d'hommes de cet épisode de « Tintin » semble submergé par les qualificatifs du capitaine Haddock, mais cela changera-t-il quelque chose à sa façon de traiter les Noirs ? Pas si sûr, il pourrait rapidement en rire, car une des conséquences de la colère est qu'elle demeure le plus souvent une émotion, forte certes, mais qui tend à disparaître comme elle est venue.

➤ *La colère est mauvaise pour la santé*

Si certains pensent qu'il existe une forte corrélation entre la colère refoulée et les crises cardiaques, un psychologue chercheur de l'université de Maryland, Aaron Siegman[4], a démontré le contraire : exprimer souvent sa colère est un sérieux risque de souffrir de maladie cardiaque, tant la colère endommage les artères. À l'inverse, une bonne maîtrise de la colère est moins dangereuse.

➤ *La colère engendre la colère*

De plus, laisser sa colère s'exprimer librement va « renforcer » l'expression de la colère elle-même au titre du renforcement des apprentissages (plus je crois obtenir des choses grâce à la colère et plus je pense qu'elle me fait du bien quand elle se libère, plus j'aurai tendance à répéter cette colère apparemment bienfaitrice). Et pour reprendre la plaisanterie d'Albert Ellis : à « Savez-vous comment il faut faire pour jouer à Carnegie Hall ? » il répond (en anglais) : « *Practice, practice, practice !* » « et pour rendre un homme vraiment colérique ? » la réponse est encore : « *Practice, practice, practice !* ».

Ainsi ces adolescents qui venaient consulter et confirmaient ce renforcement de la colère par sa simple expression répétée : ils m'expliquaient que la musique « black metal » les aidait à sortir leurs tripes et leur « rage » intérieure, mais lorsque j'investiguais sur le quotidien, la « rage » restait l'unique moyen de communication tant ils manifestaient des comportements très colériques à la moindre frustration (scolaire, familiale ou même amoureuse.)

➤ *La colère fait souffrir*

La personne colérique n'exprime pas son « trop-plein » pour l'évacuer, le comprendre et pourquoi pas, l'analyser et le tempérer, elle fait un « passage à l'acte ». La colère, ainsi libérée sans garde-fou aucun, détruit non seulement la personne attaquée, renforce le conflit si l'agressé est lui-même colérique, mais s'avère aussi très « autodestructrice » pour son auteur. Nous le savons, rares sont les auteurs de crises de colère qui nous disent leur joie d'avoir laissé libre cours à leur émotion et qui témoignent de substantiels résultats dans la réalité. Ils sont lucides, la colère n'a stimulé que de la colère chez l'autre ou contre soi, même s'il existe cet apparent mieux-être dans l'immédiateté de l'expression du sentiment.

Le « bon » stress et le « mauvais » stress… si le léger stress facilite l'apparition de l'adrénaline et nous donne le sentiment d'être plus fort, plus réactif, l'excès d'adrénaline provoque un seuil toxique où les dysfonctionnements deviennent majeurs avec l'inévitable crescendo de la colère et son « escalade » de comportements inadaptés[5]. Non, la personne colérique n'est pas ce tempérament romanesque qui se sert de son bon stress pour stimuler, créer, gagner, communiquer et se faire apprécier. C'est plutôt ce profil irritable, « pas à prendre avec des pincettes », ce « caractère insupportable », cet impulsif que beaucoup cherchent à éviter pour, en premier lieu, se préserver. C'est cette tension permanente qu'ils ressentent et que sentent ceux qui vivent avec eux. « Si vous saviez comme l'atmosphère est lourde à la maison quand il est là », me dit une patiente de son époux… « Il ne s'en rend même pas compte mais la moindre chose, le plus petit mot… je vois bien qu'il se contient, ça bout à l'intérieur… comme si tout était une occasion de l'énerver un peu plus… et lui parler quand la tension est à ce point, je ne m'y risque pas… cela en rajouterait, c'est une véritable bombe ambulante… »

➤ *La colère est inefficace et autodestructrice*

S'il existe une sorte de bon stress que génère la colère, j'en ai parlé, je vois le plus souvent les conséquences néfastes et particulièrement inefficaces des comportements colériques. Si nous devions reprendre les questionnaires du chapitre précédent en ajoutant une colonne « Et que s'est-il passé ensuite ? », nous verrions à quel point nos colères ne servent à rien mais, bien au contraire, ne font que surenchérir nos attentes, demandes et exigences sans modifier en rien la réalité : par exemple, imaginons que vous ayez répondu « oui » à cette phrase (n° 39 du premier test) : « J'avais prévu un dîner entre amis à l'extérieur et il pleut. » Si la pluie a stimulé chez vous une grande colère, que va-t-il se passer ensuite ? Vous allez tempêter, c'est le cas de le dire, contre ce maudit climat, et vous risquez surtout de ne pas prendre les bonnes options pour changer le contexte : attendre obstinément que la pluie cesse au lieu de vous rapatrier vers l'intérieur de la maison. Surtout vous manifesterez une mauvaise humeur constante qui gâchera finalement la soirée de vos invités. Vous vouliez tout faire pour qu'ils soient heureux et ils vont se sentir mal à l'aise, voire agressés par votre caractère et vos réactions… Autre situation, vous attendez une gratification d'un employeur, elle ne vient pas, vous êtes en colère, et que faites-vous ? Sans doute une réflexion cinglante à la moindre remarque de votre supérieur hiérarchique et non une demande affirmée de ce que vous estimiez être juste. Vous n'obtiendrez ni l'augmentation ni le compliment attendus, mais l'inverse : du ressentiment !

La colère ne résout donc rien, elle est autodestructrice. Dans un premier temps, il est toujours utile d'évaluer les conséquences des actes colériques : interrogez-vous donc sur leurs effets, sur leur réelle efficacité.

➤ *La colère provoque des ruptures relationnelles*

L'homme est bien sûr un animal social et le colérique ne peut pas simplement dire qu'il a le droit de « se faire du mal, si cela lui chante, un point c'est tout ! ». Tout comportement colérique a un impact relationnel. Sans parler des violences que peuvent entraîner les redresseurs de torts en tout genre (avec un automobiliste mal intentionné, par exemple). Il faut bien se rendre compte que les victimes des colériques sont très nombreuses. Reprenons le partenaire d'un colérique, est-il si sûr qu'il comprenne tout et qu'il passera toujours sur les petites sautes d'humeur ? Lorsque nous rencontrons les conjoints des colériques, ils ne prennent pas du tout avec humour les passages à l'acte disproportionnés.

Épouse de colérique

Christine vient consulter car elle veut se séparer de son mari colérique : « Ma vie est devenue un enfer, le moindre détail qui cloche et c'est le drame… j'oublie ma carte bancaire dans une supérette, c'est aussitôt l'esclandre, tout doit être régenté, parfait à la maison, tout l'insupporte. Plus de café… c'est Hiroshima, une mauvaise note d'un enfant à l'école, c'est la catastrophe nationale, des hurlements à n'en plus finir, et toujours de l'émotionnel, rien de concret. Tout est prétexte à bagarre, jamais de repos, c'est comme s'il marchait en permanence sur un champ miné… Mais ce champ, il se l'est construit, je n'y peux rien, j'ai tenté de l'aider, mais il est malade. Il se contrôle parfois mais pour mieux rechuter. L'autre soir, il avait faim, il était de mauvais poil, j'ai gagné en accélérant l'heure du dîner, il semblait plus calme, et puis c'est reparti pour une histoire de piles pas remplacées dans la télécommande du lecteur de CD… Tout est sujet à problème : les enfants et bien sûr le travail chez son employeur… patron, collègues, tout le monde doit y passer, il n'est qu'une victime perpétuelle. Je suis toujours sur la défensive, j'accepte de moins en moins les invitations. Je ne parle pas de ma famille, bien sûr, à éviter, car elle ne répond pas à ce qu'il voudrait. Un enfer, de moins en moins de sorties, de moins en moins d'amis, jamais de positif entre nous… Je ne supporterai plus longtemps… »

Époux de colérique

Est-ce l'apanage des femmes d'être victimes de colériques ? Non. J'ai déjà évoqué cette parité peu réjouissante et ce n'est pas André qui me contredit : « Tout est venu peu à peu, c'est vrai, ma femme a toujours été une femme de tempérament, elle était souvent énervée dans les premières années de notre mariage, mais tout s'est aggravé avec le temps. Après la naissance de nos deux enfants, son caractère est devenu de plus en plus dur. Je faisais tout mon possible pour aider, rien n'y faisait, tout était prétexte à des crises. Les enfants subissaient. Elle n'était pas violente physiquement mais verbalement. Elle a dû consulter un psy. Cela lui a fait un peu de bien, mais les crises de colère sont vite reparties. Elle cherchait beaucoup de « pourquoi » à ses sautes d'humeur, mais n'a obtenu aucune réponse à ses questions… et maintenant c'est devenu intenable à la maison… nos enfants sont désormais des adolescents et elle ne sait pas communiquer autrement qu'avec des reproches, des rancœurs, des querelles permanentes. Je la défends comme je peux mais nos enfants commencent à la mépriser, lui disent de se soigner. Quant à moi, je suis constamment le bouc émissaire de tout ce qui ne tourne pas rond à la maison, vous vous souvenez de Liz Taylor dans *Qui a peur de Virginia Woolf ?…* »

Et bien souvent, comme la tolérance cède devant les sirènes de « ce que doit être la vraie vie », l'un ou l'autre conjoint prendra la décision de se séparer, ce qui renforcera le colérique dans sa haine de lui-même et des autres. Comme toujours dans les affaires de divorce, les dysfonctionnements se sont accumulés et le couple atteint un point de non-retour.

Enfant de colérique

Comment ne pas évoquer ces enfants abusés, ceux qui n'entendent que des cris, des paroles parentales disproportionnées, injustes, dévalorisantes, menaçantes pour stopper un comportement prétendument « inacceptable ». La violence des mots vaut bien les débordements physiques, elle les précède le plus souvent. Cette colère parentale qui s'exprime par des gestes et des paroles est des plus destructrices. Combien d'enfants ont toujours vécu dans la crainte des coups et des « réactions » de leur entourage… « Pas question d'annoncer une mauvaise note à la maison, mon père rentrait dans des rages… ». « Ce qui me détruisait le plus dans le fait d'avoir un père alcoolique, ce n'était pas seulement l'alcool mais la colère que cela provoquait chez lui… je ne le reconnaissais plus. Ce père qui m'aidait à construire des maquettes pouvait devenir, un soir de beuverie, le pire des tortionnaires… Il ne frappait pas mais ces mots, ces mots qui faisaient mal… »

➤ *La colère aveugle*

L'alcool amplifie la colère mais les tempéraments colériques le savent bien, point besoin de stupéfiant pour libérer les amplifications, les interprétations, les déformations de la réalité… Certains me disent qu'ils craignent d'être entrés dans une vraie paranoïa : leur colère les aveugle sur la réalité elle-même : « Quand je suis dominé par ma colère, je ne comprends plus rien, je n'entends plus rien. J'explose, je crie, je contre-attaque… Plus rien n'a de sens. Je suis imperméable à tout… et puis je doute de tout le monde, pourquoi cette personne a-t-elle dit ce mot déplaisant, pourquoi telle autre a-t-elle agi comme ça ? Elle veut quoi de moi… ? » Dès lors, tout est prétexte à empoignades, querelles, demandes de justifications, explications sans fin. Le réel semble constamment réinterprété : cette nouvelle réalité telle que le colérique la pense et la veut au détriment des faits et surtout des autres.

La colère gâche la vie

Elle brise les couples, terrorise les enfants en bas âge qui ne comprennent pas ces mots hauts en décibels. D'ailleurs, certains comportements colériques dits « verbaux » sont eux aussi classés comme de véritables abus pour les enfants. Et lorsque la crainte, la peur, remplacent la sécurité affective, il n'existe guère que deux solutions : soit la soumission pour éviter le conflit, soit la contre-agressivité qui renforcera la colère parentale et peut provoquer *in fine* la violence physique. Et même si l'on souhaite dédramatiser la colère, car si tous les colériques ne sont pas des abuseurs d'enfants, il faut bien reconnaître qu'elle ne provoque que des ruptures relationnelles : ainsi toutes ces fâcheries familiales parce qu'un tempérament colérique refuse le dialogue, le compromis.

Un vieil homme venait de faire hospitaliser sa femme très âgée et souffrante : « Et dire que j'ai fait six enfants et qu'aucun ne vient la voir à l'hôpital !… » Je suggérai naïvement : « Vous pourriez leur passer un coup de fil, leur demander de venir ? » Il me répondit sèchement : « On ne devrait tout de même pas demander aux enfants des choses pareilles… moi j'aurais jamais fait ça… c'est des moins-que-rien… » J'imagine la suite, lui s'enfermant dans ses attentes et agressant cette « engeance honteuse », eux de se renforcer dans leur attitude d'évitement « si c'est pour se faire engueuler… ». Combien de crises entre des personnes âgées et leurs enfants à un moment où le calme devrait être de mise.

➤ *Rien ne résiste à la colère*

Et toutes les ruptures d'amitié pour une discussion politique, un échange d'idées contradictoires…

Et les conflits au travail qui inhibent toute évolution de carrière ou stimulent ceux qui souhaitent « diviser pour mieux régner ». Quand la colère dirige les attitudes au travail, les communications se rompent, les évitements apparaissent et les mises au placard sont monnaie courante. Les constantes critiques et sautes d'humeur des supérieurs colériques ne font qu'insécuriser leur personnel. Sous prétexte d'obtenir plus, de stimuler, ils obtiennent des conflits larvés, du mensonge, de la mauvaise foi et pour finir des départs. La colère est bel et bien autodestructrice même si elle entretient un instant certaines croyances que ce sont les autres qui ne se comportent pas comme ils le « devraient ». Car, bien vite, le colérique, s'il continue à laisser courir son tempérament, se rend compte qu'il devra vivre seul, que tout le monde le fuira. L'image de soi se dégrade au fil des incidents et il entre dans des sentiments d'autodévalorisation, voire dans une pathologie dépressive. Au final, il s'accusera de tous les maux et s'en voudra de ne pas avoir su contrôler sa colère.

➤ *La « rage au volant »*

Pourtant, beaucoup d'autres justifient cette colère, en particulier quand ils prennent le volant ! La rage au volant est l'exemple de ce que j'appelle le « crescendo de la colère » : un incident mineur, lorsque l'on est en voiture, devient pour le colérique le déclencheur d'une escalade de comportements disproportionnés et dangereux. Un des facteurs de risque pour les accidents de voiture est la « conduite agressive » (*aggressive driving*[6]). Cette attitude au volant se traduit par des comportements évidemment offensifs envers les autres usagers, mais il est intéressant de voir qu'elle génère aussi des troubles de l'attention et une hyperactivité : l'automobiliste colérique ne cesse d'évaluer le comportement des autres, provoque les « mauvais » conducteurs, les agresse, mais il est lui-même prisonnier de son émotionnel, a tendance à moins bien respecter les règles de conduite, à dépasser les limites de vitesse sans s'en rendre compte, à devenir lui aussi un conducteur dangereux. Ce comportement est, selon l'étude, fortement corrélé à des personnalités qui ont des problèmes de colère. Il est donc recommandé de prendre en compte cette colère en terme de prévention. Et c'est bien de cela dont il s'agit dans cet ouvrage : appréhender les comportements colériques dès leur apparition, même si les prémices semblent anodines, pour éviter leur développement vers des excès de rage, d'hostilité envers soi ou les autres. Dans le cas de la conduite au volant, les tempéraments colériques savent bien qu'ils sont en danger de passage à l'acte à la moindre agression d'un autre conducteur : untel fait une manœuvre dangereuse, tel autre ne réagit pas assez vite, et ce klaxon intempestif… autant de stimulateurs qui parfois vont transformer le plus urbain des conducteurs en assassin éventuel. Les plus « émotionnels » n'hésiteront pas à dépasser les invectives pour en venir aux mains, les autres vont opter pour des réactions de contre-agressivité qui peuvent se révéler des plus dangereuses : dépassement inopportun, courses-poursuites, etc.

La voiture semble être un lieu privilégié où s'exprime librement la colère. Telle patiente me disait : « À la maison, ça va, mais au volant, je ne suis plus la même… une véritable diablesse ! » Nous verrons plus tard que cette colère est rarement limitée « au volant » et qu'elle est en réalité bien là dans tous les domaines de la vie. Elle éclate en conduisant mais révèle le plus souvent un tempérament colérique plus ou moins bien maîtrisé au quotidien. Mais, culturellement, l'agressivité au volant est souvent, inconsciemment, admise, permise. Nos comportements bien français ont appelé une forte et juste répression. Lors d'un colloque, un professionnel de la santé témoignait qu'à Marseille, si vous aviez le malheur de regarder un autre conducteur en souriant, vous risquiez d'entendre : « T'as un problème ? »

Alors d'où vient cette colère au volant qui semble être l'apanage de nombreux conducteurs ? Il y a là encore sans doute beaucoup de biologique, nous sommes, sur la route, en plein dans la défense de notre « territoire », dans un lieu qu'il faut forcément partager. Alors certains réagissent « émotionnellement » pour se protéger des autres : c'est le « je marque mon territoire » ou « j'empêche l'autre de m'envahir ». Pourquoi pas ?... Mais, pour beaucoup d'autres, j'entends plus une montée d'hostilité contre ces « c... qui ne savent pas conduire », ces « débiles qui ont le permis », « ces routes mal faites », « ces embouteillages anormaux », « ces provocations des fous du volant », etc. Et le tout se traduit par des surenchères dans l'incivilité et les conduites dangereuses non seulement pour soi mais surtout pour les autres. Car lorsqu'on éprouve cette « *rageaholic* » dont parlent les Anglo-Saxons, il n'est plus question de maîtrise émotionnelle ou d'humanité, mais d'écraser ce qui est estimé devoir être écrasé : toujours ce passage de la petite colère bien normale à cette folie passagère qui définit bien les véritables comportements colériques : en voiture, contre son conjoint, ses enfants, les autres en général.

➤ *La pathologie ou quand tout génère la colère*

Certaines personnes ont dépassé les limites, elles ne sont plus en mesure d'évoquer des moments de colère, de les observer et de les revivre ensuite pour mieux les comprendre et changer éventuellement leur façon de réagir. Non, pour ceux qui ont des conduites vraiment pathologiques, il ne semble plus exister le moindre repos : tout est prétexte à se mettre en colère, colère contre soi, contre les objets, les autres, la vie en général. Beaucoup gardent ce ressenti avec eux et tentent désespérément de se contrôler ; ils signent pour la plupart des comportements de rétention et d'explosion. Et rapidement ils peuvent s'inscrire dans une nouvelle escalade, celle de la violence incontrôlable. Si les aides psychothérapiques peuvent aider à tempérer certaines colères, l'aide médicamenteuse semble être le seul recours possible quand toute l'humeur colérique domine chaque instant de la vie d'un patient.

User du meilleur de la colère

Dans les contextes de danger immédiat, la colère peut favoriser la survie de l'individu. Dans des environnements moins extrêmes, elle aide à s'affirmer, à prendre des décisions, à défendre nos valeurs. Mais souvent, pour une personne colérique, on a vu que la colère n'entraîne que des comportements agressifs trop fréquents avec des résultats proportionnellement inverses à l'intensité de la colère éprouvée. Plus je suis en colère et moins je suis efficace pour appréhender le principe de réalité.

Quand Antonio R. Damasio[7] nous alerte sur l'importance de l'émotionnel pour décider et donc pour vivre, je ne peux qu'acquiescer sur les impuissances que génère l'absence d'émotions. Mais il évoque une colère « adaptée », appropriée, celle que j'ai décrite dans les paragraphes précédents : oui, être énervé, irrité, frustré peut nous aider à faire des choix, à décider, à mieux réagir.

D'ailleurs, supprimer le ressenti de colère est inutile et de surcroît vain. Retenir à tout prix son hostilité ne fait en effet que l'amplifier ; cela génère non seulement des faux-semblants relationnels (le « vrai » ressenti n'est jamais communiqué parce que « honteux »), mais aussi des troubles psychosomatiques intenses (maux de tête, de dos, maladies de la peau et toutes sortes de troubles lorsque la colère s'exprime trop fortement). Ou je dis ma colère sans retenue et je montre à quel point je refuse tout « refoulement » et traduis par là même que je vais donc bien psychiquement, c'est le syndrome des « totalitaires » : j'agis ce que je ressens, un point c'est tout, avec tous les dommages collatéraux, tant pis pour les « victimes ». Ou je contrôle tout mon émotionnel et ne manifeste jamais aucune émotion négative (j'aurais trop peur que l'on me juge) et opte pour le « syndrome du lama » : rien ne peut me perturber, je suis en hypercontrôle de toute déviance émotionnelle. Le résultat le plus probant de cette accumulation d'hostilité se manifeste parfois par des explosions intempestives (« on n'aurait jamais cru cela de lui… ») ou des somatisations fortes tant l'émotion cherche à vivre. Hypercontrôle et refoulement ne sont donc pas la solution.

Se servir de l'énergie de la colère pour s'affirmer au quotidien, pour vaincre en sport, pour dire son ressenti en communication peut être plus efficace. C'est laisser la colère s'amplifier qui se révèle tout à fait inefficace et dangereux. Tout est toujours dans la mesure !

Alors comment éviter de passer d'une petite colère à l'escalade dramatique du comportement colérique ? Comment retrouver cette force de caractère qui fait que certaines personnes dites résilientes arrivent toujours à exprimer leurs sentiments sans excès ? Cette résilience n'est-elle pas la capacité à résister émotionnellement aux aléas de la vie, cette aptitude à éprouver des émotions, certes parfois négatives, mais jamais disproportionnées. Les personnes résilientes n'expriment-elles pas leur vision réaliste de la vie sans excès d'interprétation, sans sous-estimer ou surestimer ce qui leur arrive ? La résilience et la colère ne semblent pas faire bon ménage et pourtant vivre la réalité de soi et des autres de façon « résiliente » semble un bien bel objectif. Il nous faut donc contrôler la colère et trouver, tout d'abord non seulement ses déclencheurs, mais ses amplificateurs, tout ce qui surenchérit les émotions.

En revanche, la colère disproportionnée se révèle toujours inefficace et dangereuse, et il nous faudra bien la repérer, l'observer, la réguler et surtout comprendre ce qui la stimule ; ce qui transforme une colère juste, adéquate en agressivité totale, violente et, au final, inutile et dangereuse pour soi et pour autrui. Les prochains chapitres nous éclaireront sur cette stimulation, voire provocation de la colère, de notre colère. Nous en observerons plus précisément le déroulement au travail et en famille, cadres privilégiés de cette émotion très relationnelle.

Commencez par mieux comprendre le sens de la colère, ses causes, ses racines possibles… dans votre histoire, votre passé, votre caractère, votre vie…

CHAPITRE 4

Les raisons de la colère

« Qui remet en sa mémoire l'excès de sa colère passée, et jusqu'où cette fièvre l'emporta, voit la laideur de cette passion mieux que dans Aristote, et en conçoit une haine plus juste. »

MONTAIGNE

D'où vient la colère ?

➤ *De l'origine de la colère*

Certaines colères sont donc justifiées à nos yeux : quand il s'agit de défendre nos droits, de préserver nos valeurs, d'exprimer notre subjectivité. Mais est-ce la seule explication ? Comment se fait-il qu'il nous arrive de ne plus pouvoir stopper certains comportements colériques alors que nous savons pertinemment qu'ils sont disproportionnés, inefficaces, voire dangereux ? Qu'elles soient biologiques, sociales ou psychologiques, les raisons ne manquent pas. Il est intéressant de voir que les hypothèses « psy » sont sans doute les idées reçues les plus tenaces. Elles méritent à elles seules une véritable remise en cause. La colère est-elle pour autant « biologique » ? une question de tempérament ? Je prendrai pour point de départ une anecdote vécue parmi d'autres : un voyageur rencontré à la gare d'Avignon.

➤ *L'homme est un animal… social*

Voilà un homme tout à fait tranquille qui attend son train. Le sourire aux lèvres, il arpente la station, ravi, j'imagine, d'avoir passé ce « pont » du 14 Juillet en famille ou entre amis, heureux d'avoir profité du festival, du temps superbe de la Provence, du chant des cigales… Mais voilà que le haut-parleur annonce : « Le TGV pour Paris aura une demi-heure de retard. » Mon joyeux touriste s'assombrit subitement, se raidit et commente l'événement, à voix haute : « Ces fainéants de la SNCF, pas capables de la moindre rigueur ! » Puisque je commençais à rédiger cet essai, je me dis qu'il serait intéressant d'exploiter ce filon : un homme tranquille qui va progressivement entrer en colère. Car notre homme, exaspéré par ce retard, décide apparemment de se rendre aux guichets pour acheter les billets d'un futur voyage. Il prend place dans la longue file d'attente. Mais cela n'avance pas assez vite à son goût. Il invective : « Tous aussi fainéants… dans les trains comme aux guichets… moins j'en fais, mieux je me porte !… » (À sa décharge, l'attente à ce service des réservations semble assez longue, mais qui ignore que chaque client qui « réserve » a le plus souvent une multitude de demandes sur les horaires, les changements de gare, les meilleurs coûts, etc. ?) Ce guichet n'est pas une billetterie automatique ou expressément réservée à une quelconque destination prioritaire, c'est bien un guichet qui accueille les demandes globales, (assuré par un « fainéant » qui travaille en ce week-end prolongé du 14 Juillet !). Mais notre querelleur ne pense plus, ne fait preuve d'aucune empathie, bref le lien à l'autre vient de se rompre, l'animal et son cerveau reptilien reprennent le dessus sur le social !

➤ *Du calme à la tempête*

Quand le haut-parleur reprend et complète son annonce par : « Le TGV pour Paris aura plus d'une heure de retard ! », la coupe est pleine, le monsieur décide alors de s'en prendre à d'autres humains : « Et vous, vous ne pouvez pas tenir votre môme ! » (à cette mère dans la file d'attente débordée par ses valises et ses enfants), « Parce que ça vous fait rire la SNCF ? » (au jeune touriste anglais qui ne se départit pas de son flegme), « J'étais avant vous, espèce de mal élevé ! » (à celui qui ose se mettre trop près de lui), « Et l'autre abruti avec son portable ! » (au client qui répond au téléphone tout en s'adressant au guichet !)... Il finit par donner un grand coup de pied dans son sac de voyage (qui méchamment refusait d'avancer tout seul tandis que lui-même progressait de quelques centimètres) et accompagne le tout d'un « P... de valise ! ». Puis il quitte la file, maugréant et prévenant bien fort qu'aux prochaines élections il demandera la privatisation de la SNCF, car, lui, n'est pas « comme vous, troupeau à l'instinct grégaire qui acceptez tout ! ». Les autres voyageurs avaient visiblement fait le plein de positif pendant ce pont du 14 Juillet, aucun n'entra en contre-agressivité, chanceux ex-monsieur tranquille.

Je ne l'ai pas suivi, je l'ai vu quitter le hall d'accueil où j'étais et j'ai compris à ses nouveaux gestes « grandiloquents », qu'il interpellait quelqu'un d'autre dans le hall suivant, sa femme, un préposé ? La suite se laisse facilement imaginer. Et pourquoi cet homme au départ si tranquille est-il devenu peu à peu incapable de penser, de se raisonner, de relativiser la situation ?

L'hypothèse génétique

➤ *Une colère biologique ?*

Cette émotion est universelle : comme le soulignent Christophe André et François Lelord, les Occidentaux expriment la colère par les mêmes gestes ou grimaces que le font les membres de sociétés plus primitives : « Ces résultats semblent attester le caractère universel des émotions et leur expression plus primitive comme chez les Papous (conclusions de l'expérience d'Ekman) ; l'humain en colère signe le même langage non verbal, le visage se tend, le regard fixe, les lèvres se serrent. Cela traduit sans doute que « cette capacité à nous mettre en colère est inscrite dans notre patrimoine génétique[1] ».

Dès que l'on évoque le génétique, la raison première de la colère devient plus explicite : devant les dangers qu'il rencontrait constamment, l'homme « primitif » n'avait comme réponse que le combat ou la fuite. Si la fuite réglait bien des choses par l'évitement, cela n'était pas toujours possible et survivre n'était souvent possible que s'il y avait un réel affrontement, voire la destruction de ce qui avait provoqué le danger.

➤ *Darwin avait-il raison ?*

« Les principales attitudes expressives chez l'homme ou l'animal sont maintenant innées ou héritées, c'est-à-dire qu'elles n'ont pas été apprises par l'individu[2]. » Lorsque Darwin étudie les expressions faciales dans différentes cultures ou chez les aveugles de naissance qui n'ont pas pu apprendre le langage non verbal, il les trouve comparables pour exprimer la honte, la colère, la joie. Il évoque aussi cette similitude entre les réactions émotionnelles humaines et l'instinct animal quand il évoque le grognement chez l'homme quand il est en colère… De l'envie de mordre chez l'enfant aux dents que montrent deux personnes qui vont se battre, des réactions de rage lorsqu'une foule veut « la peau » d'un arbitre lors d'une rencontre sportive à demander « la tête » d'un assassin d'enfants… autant de réactions primaires qui soulignent le caractère instinctuel, animal, de la colère.

➤ *Quand le biologique domine*

Pour de nombreux scientifiques éthologues, comme Konrad Lorenz[3], l'origine de la colère est biologique. Certains ont même affirmé que chez les animaux les comportements guerriers étaient plus prégnants chez les mâles que chez les femelles. Il en serait de même chez l'humain[4]. Du psychologue Harry F. Harlow[5] qui voit en l'agressivité un héritage de nos ancêtres primitifs à Sigmund Freud[6] qui définissait la tendance agressive chez l'homme comme « une disposition instinctuelle, innée, indépendante, qui constitue le plus grand rempart à la culture », nombreux sont les chercheurs dans ce domaine qui retiennent l'hypothèse de l'impact du biologique sur l'humain.

Si les dangers qui menacent notre vie, en temps de paix, sont rares, notre cerveau émotionnel a gardé des réflexes d'autoconservation. Devant des adversités, aussi minimes qu'elles puissent être, le cerveau « reptilien » répond parfois de façon outrancière et c'est ce qui semble se passer chez les tempéraments colériques. Comme le tempérament anxieux exagère, anticipe trop fortement d'éventuels dangers, jusqu'à fuir toute situation de stress, le colérique va, lui aussi, voir ses réactions de défense exacerbées. Ses déclencheurs émotionnels sont en alerte constante et, devant un événement jugé « dangereux » (ou « frustrant », nous le verrons plus tard), les réactions corporelles signent bien cet état émotionnel « primaire » : accélération du rythme cardiaque et respiratoire pour se préparer à l'action, afflux du sang dans les muscles striés pour l'éventuel combat avec sécrétion massive d'hormones (la bien connue adrénaline), dilatation des pupilles pour mieux voir.

➤ *Le tempérament émotionnel*

Il existe des traits de tempérament qui demeurent stables au cours du temps[7]. Un enfant de tempérament irritable sera plus fragile qu'un enfant jovial devant les adversités de la vie, comme un enfant calme appréhendera plus facilement certains aléas qui submergeront une personnalité plus anxieuse. Est-ce à dire que tout est déterminé et que nous ne pouvons que subir notre patrimoine génétique ? Bien entendu non, ces tempéraments sont en constante interaction avec l'environnement et l'expérience. Là où un enfant de tempérament colérique rencontrera un cadre familial serein, il y a de grandes chances qu'il tempère son émotionnel par l'expérimentation d'un environnement sécurisant et non agressant. *A contrario*, un enfant moins irritable confronté à des carences ou abus parentaux sévères pourra développer des comportements de contre-agressivité. Les tempéraments sont donc des « possibles » que la vie peut renforcer ou atténuer.

➤ *J'ai faim !*

Cette colère était bien nécessaire à la survie : comment tuer l'animal sauvage pour se protéger ou pour se nourrir si l'humain n'avait que des intentions tendres et pacifiques ?

En revanche, il semble que certains colériques souffrent du « syndrome du chasseur » : vous l'avez souvent remarqué, le colérique exacerbe ses sentiments lorsqu'il a faim. C'est comme s'il se préparait à tuer la bête, l'homme primitif est de retour : son « j'ai faim » doit être pris au sérieux car, dans ces moments de voracité, sa pensée est réduite au minimum. Quand bien même il voudrait différer sa demande, il apparaît que le biologique se met en route et que désormais c'est lui qui décide. Un colérique affamé devient dangereux, il ne cherche qu'à combattre, à se quereller et entre dans des sautes d'humeur incontrôlables. Alors, partenaire d'un colérique, soyez tolérant, acceptez qu'il se nourrisse pour apaiser son biologique et ne lui donnez pas trop de conseils diététiques à ce moment-là… après satiété, s'il le faut, mais pas pendant la crise de faim ! *Idem* pour le manque de sommeil, il y aurait là aussi une grande corrélation entre le manque de sommeil et la colère : n'hésitez pas à proposer une sieste ou un repos quelconque si vous sentez que l'humeur du colérique est à l'orage, sinon il ira immanquablement « dans le rouge » et entrera dans le cercle vicieux des crises de colère : les explosions intempestives exacerbent les sentiments de culpabilité qui peuvent stimuler des insomnies et donc de nouvelles carences en sommeil et donc de nouveaux excès agressifs.

➤ *Les effets de l'alcool*

L'alcool est un autre stimulateur biologique de la colère : qui n'a pas remarqué ces conflits incessants des colériques dès qu'un repas en famille ou entre amis est un peu trop arrosé ? Les colériques se le reprochent souvent le lendemain, ils savent qu'ils n'ont pas pu se contrôler et que leurs paroles ont dépassé les limites. Un tempérament colérique qui abuse de l'alcool va démultiplier son caractère et là où il y avait encore un semblant de censure, les barrières s'effondrent. Gare à qui contredira un colérique au cours d'une soirée alcoolisée. Dans certains cas, on le sait, l'alcool va jusqu'à pousser l'humain à la bagarre, au crime, ce produit sait transformer, chez les tempéraments colériques, ce qui n'est que simple colère en haine, du quolibet à la destruction, les marches sont franchies allégrement.

D'ailleurs les professionnels des armées le savent bien : dormir peu avec une alimentation restreinte et une stimulation par l'alcool saura développer l'agressivité et fera de bons… soldats (souvenons-nous des « poilus » de la Grande Guerre qui bondissaient des tranchées, rendus irascibles par le manque sommeil, l'estomac vide et la ration de calva…)

➤ *D'autres colères primaires*

Quand Temple Grandin liste les comportements agressifs chez les animaux, elle souligne à quel point la colère leur est indispensable[8]. Certaines réactions de colère semblent très proches de nos « réactions de défense » :

• *La colère « assertive » :* agression pour dominer l'autre et pour préserver son territoire.

• *La colère pour se défendre :* l'agression maternelle pour protéger les petits.

• *La colère pour répondre à la douleur :* agresser son agresseur.

• *L'agression entre les mâles…* due aux niveaux de testostérone.

➤ *La colère serait-elle incontrôlable ?*

Mais est-ce une raison pour rester passif devant cet héritage biologique ? N'y a-t-il aucune autre issue que d'exprimer cette colère innée pour qu'elle ne déborde pas ou existe-t-il une autre façon de la réguler, de la maîtriser ? Combien de fois ai-je entendu cette réflexion : « Il est comme ça, c'est un colérique… chassez le naturel !… » Bref c'est normal, ce n'est pas de ma faute, c'est génétique !

La colère ou le choix du combat était nécessaire à la survie de l'espèce. Mais est-ce vraiment le cas maintenant ? En quoi les colères de « mon » voyageur du TGV l'aident-elles à mieux vivre ? Pourquoi est-il passé en quelques secondes d'un état émotionnel adapté à une crise de colère ?

Les hypothèses psychologiques

➤ *Pour la psychanalyse*

Le déplacement, le transfert d'une émotion sur un autre objet que celui qui l'a provoquée, est un des mécanismes que Freud a été l'un des premiers à décrire. C'est un des fondements de la théorie des pulsions. Pour les freudiens, la colère provient de la toute petite enfance, de cette époque où des colères « rentrées » n'ont pu s'exprimer. Le tout-petit a vécu des événements frustrants, il a « refoulé » ses sentiments de colère qui peu à peu génèrent de la haine et vont tôt ou tard s'exprimer au hasard de certains « re-jeux » actuels, de situations hautement symboliques du « vécu traumatique » initial. Une colère refoulée qui ne cherche qu'à s'évacuer et trouvera dans le présent de quoi se venger. Est-ce le cas de mon colérique du TGV ? Cette attente à la gare représente-t-elle pour lui une quelconque symbolique ? A-t-il vécu un traumatisme en attendant une mère improbable sur les quais de gare ? À voir…

Quand bien même nous pourrions retrouver certaines origines de la colère dans notre vécu et en particulier, selon l'hypothèse analytique, dans la petite enfance, cela aide-t-il vraiment à réguler les comportements colériques actuels ? Comme le souligne A. Ellis : « Au cours de votre enfance vous pouvez avoir subi de la négligence, des sévices, des abus qui ont contribué à générer de la colère. Mais "focaliser" aujourd'hui sur l'horreur de ces mauvais traitements ne donne pas un ressenti plus sain. *A contrario*, apprendre à repenser ces événements et défier les pensées génératrices de colère qui y sont attachées vous aidera à réduire votre colère[9]. »

➤ *Colère et sexualité*

Autre hypothèse répandue, la colère est-elle l'expression majeure d'une sexualité refoulée ? Fin des années soixante, la philosophie d'alors, du *peace and love*, semblait donner raison à l'affirmation que faire l'amour, c'était éviter la guerre ! Pour certains chercheurs, il y aurait bel et bien un lien entre sexualité et colère, une corrélation entre l'agressivité et l'excitation sexuelle non satisfaite chez les hommes comme chez les femmes[10,11]. Bien des décennies plus tard, la révolution sexuelle est passée, les corps se sont apparemment libérés mais les comportements colériques ont-ils pour autant disparu ? Y a-t-il une réelle corrélation entre pulsion sexuelle refoulée et expression de la colère ? J'ai souvent vu, en tant que psychothérapeute, des adultes mariés épanouis sexuellement dans leur couple qui risquaient de rompre pour des conflits quotidiens incessants. Combien de fois n'ai-je pas rencontré ces adolescents rebelles à toute contrainte qui me confiaient, en parlant de leur sexualité, que « de ce côté-là tout baigne avec la copine… ». Et le dalaï-lama ne paraît-il pas bon et paisible alors qu'il ne prône pas pour autant une vie sexuelle débridée ! La grande affaire du lien entre une vie sexuelle satisfaisante et la tempérance des sentiments paraît bien illusoire… Cette hypothèse du lien entre sexualité refoulée et sentiments de colère ne peut en tout cas être généralisée. La colère connaît bien d'autres déclencheurs.

➤ *Colère et manque affectif ?*

Beaucoup de psychologues ou psychiatres considèrent la colère comme une façon de compenser certaines carences affectives, un véritable mécanisme de défense pour vaincre les souffrances infantiles vécues, refoulées et donc inconscientes. La colère ne serait rien d'autre qu'une réaction à des difficultés émotionnelles rencontrées dans la petite enfance. La théorie de l'attachement émet l'hypothèse que le style de maternage des premières années influence les comportements futurs lorsqu'une relation forte est en jeu. Vous avez eu une mère « distante », peu chaleureuse, vous risquez donc de « rejouer » avec votre conjoint ou un proche cette crainte permanente de ne pas être aimé[12]. Jeffrey Young va plus loin avec sa thérapie des schémas : si vous avez connu précocement un mauvais maternage, vous agirez plus tard de façon défensive chaque fois qu'un événement vous rappelle vos souffrances initiales. Dans cette optique, la colère n'est qu'une manière de compenser, d'attaquer celui ou celle qui ne nous apporte pas la sécurité affective voulue. Toute personne qui continue de me carencer ou tente d'abuser de moi sera maudite ; celui ou celle qui exige que je sois parfait sans m'apporter un amour inconditionnel sera agressé. La colère signe un état de manque affectif profond qui nécessite une psychothérapie bien spécifique[13]. D'une autre façon, on serait colérique pour attirer l'attention de l'autre et tenter d'obtenir ainsi son amour, un moyen de combler la carence primitive.

➤ *La colère exprime-t-elle une carence infantile ?*

En fait, derrière les « ça me tue qu'il ne fasse pas cela ! Insupportable qu'il ne m'aime pas assez !… » J'entends plutôt « on devrait m'aimer comme je l'entends », ce qui révèle, à mon sens, plus une quête irrationnelle d'être aimé selon ses attentes qu'une demande « normale » de combler les déficits antérieurs. Être en contact avec sa carence, en être conscient, n'est-ce pas le moyen de la relativiser ? Je n'ai plus quatre ans, je peux vivre sans cet amour autrefois quémandé ! Aucune réalité ne me dit que je dois obtenir ce que je n'ai pas eu. Entendre l'enfant qui souffre pour mieux l'accepter, certes, mais le rendre encore plus vivace, n'est-ce pas le renforcer dans la causalité de ses souffrances (l'événement extérieur, l'absence d'amour de mes parents est responsable de mon mal-être) et dans ses demandes grandioses : donc je dois posséder ce que je n'ai pas pu obtenir avant. Une fois de plus, la thérapeutique risque de s'engouffrer dans les exigences irrationnelles des patients : faites que la souffrance ne soit plus, ce n'est pas de ma faute. Mais n'est-ce pas moi qui décide ou non de « disputer » les demandes de « mon enfant intérieur blessé » en incluant le réel (historique ou non) pour mieux me connaître, m'accepter, mieux réguler mon histoire ? Bien sûr, les abus et les grandes négligences subis pendant la petite enfance restent des cicatrices et marquent une réelle souffrance, même s'il s'agit du passé. Mais attention à ne pas « fixer » notre attention sur ces cicatrices au risque de les rouvrir. Parfois, lors de séances de thérapie, des patients exaspèrent leur colère non pas pour exprimer leur souffrance passée mais le plus souvent pour faire comprendre ce qui leur est toujours dû : « Je n'ai pas été aimé donc… voilà ce que les autres et la vie en général “me doivent” ! »

Il serait donc préférable d'évaluer autrement les carences passées : oui, c'est dommageable pour nous d'avoir subi, enfant, tous ces manques affectifs et leur souvenir ne peut que raviver de la souffrance. Mais pourquoi « actuellement » cela nous perturbe-t-il encore si fort ? Peut-être parce que nous adhérons à cette croyance que la carence affective initiale, donc infantile, est la source de tous nos maux et qu'il faudra la combler à tout prix.

➤ *Colère et anxiété*

Il existerait un lien, une comorbidité entre l'anxiété et la colère. La personne anxieuse reconnaît beaucoup plus les dangers de l'environnement avec son hypervigilance. Parfois, cette excessive sensibilité à d'éventuels dangers, cette mise en alarme va activer une humeur irritable : cette « grande reconnaissance de la peur » va enclencher des réactions de défense disproportionnées devant tel événement évalué dangereux alors qu'il est le plus souvent jugé anodin par les non-anxieux. Ainsi, Julie, dix-sept ans, qui devient irritable, agressive à l'approche d'un examen scolaire important :

« Les jours qui précèdent l'examen, je ne me reconnais plus, tout m'agace, mes amies, mes parents, un rien me fait exploser… », dit Julie. Et quand nous tentons de cerner le pourquoi de cette colère, quand nous analysons les conflits eux-mêmes, entre amies ou en famille, aucun sens derrière ses attitudes agressives ; en revanche, toutes ses pensées sont obnubilées par le futur examen, la peur de l'échec, l'angoisse de ne pas être à la hauteur. Et cette peur stimule en effet une colère, comme si celle-ci se mobilisait pour vaincre la difficulté. Mais cette colère qui n'apparaît que dans ce contexte crée plus de problèmes que de solutions. Cette colère-là est, en effet, fortement liée aux sentiments anxieux.

➤ *La colère révèle-t-elle une souffrance ?*

« J'ai peur mais parfois aussi je souffre donc j'agresse. » Il est vrai, j'ai rencontré des personnes qui répondaient à ces « schémas », qui exprimaient leur colère dans des contextes précis qui ne pouvaient que leur rappeler un vécu d'événement traumatique ou de carence. Cette colère traduit une volonté de se défendre pour ne pas souffrir des mêmes maux que ceux vécus dans l'enfance et dans la vie passée. Mais le plus souvent, ces personnes souffrent aussi d'autres émotions tout aussi dysfonctionnantes. Certains avaient de forts sentiments anxieux tant leur quête d'approbation, leur crainte du désamour ou de l'abandon, les submergeaient. D'autres s'enfoncent dans une profonde dépression, faisant constamment l'amalgame entre leurs manques affectifs, les éventuels rejets des autres et leur propre valeur : si l'on ne m'aime pas, c'est que je suis indigne d'amour et que je dois donc disparaître. Mais la colère n'est pas dominante, elle semble n'être qu'un sursaut de vie dans la détresse ambiante. Si certains humains ne peuvent exprimer leur souffrance qu'en agressant, beaucoup d'autres signent une tout autre colère.

Mais l'expression de la colère comme étant la symbolique, le « sens » de quelque chose de plus profond, reste une des idées majeures de la psychologie.

➤ *Chez l'enfant : crise d'opposition ou gros caprice ?*

Une autre hypothèse me questionne : un bébé qui hurle dans son lit le soir ne fait jamais de caprice[14]. Pour certains psys « classiques » en effet, la colère du tout-petit est le signe d'une carence affective quelconque et en général d'une relation perturbée, en particulier avec la mère. Il serait absurde, j'en conviens, d'émettre une certitude opposée tout aussi extrême telle que « les colères des bébés n'ont jamais de cause relationnelle », mais il faut bien remarquer que lorsque les parents d'un tout-petit ont bien vérifié que ce dernier avait eu son content de câlins, de jeux, ne souffrait ni de la faim ni de la soif, n'avait pas de fièvre, il peut être censé d'évoquer un bon caprice ! Bien au contraire, l'enfant qui se voit cajolé de nouveau par maman après ses hurlements de soi-disant détresse risque fort de refaire la même chose les jours suivants !

➤ *La colère est-elle normale chez l'adolescent ?*

Si ce mythe du sens de la colère ne s'adressait qu'aux tout-petits : non, il a la vie dure ! Combien de fois ai-je reçu un jeune enfant de classe primaire, adressé par tel ou tel psychologue scolaire, parce qu'il a des comportements caractériels, colériques et que « cela doit bien révéler que tout ne va pas pour le mieux chez lui… » et combien de fois ai-je vu non pas des enfants anxieux, déprimés, tristes (car c'est souvent ainsi que l'enfant manifeste sa souffrance) mais des petits chefs omnipotents et intolérants aux frustrations ? Ces enfants rois qui n'acceptent aucune frustration, aucune autorité et qui se rebellent non par carence de quelque chose mais par désir d'obtenir tout.

Quant à l'adolescence, les croyances persistent : il est normal, voire recommandé que le futur jeune adulte se rebelle, conteste, exprime sa colère contre le monde adulte. Si nous sommes d'accord que l'adolescent doit pouvoir dire son opposition, se singulariser pour une future identité, ne confondons pas l'adolescent en crise avec la pseudo-« crise d'adolescence » dont on nous rebat les oreilles depuis des décennies. Un adolescent qui tempête constamment, qui rompt tout relationnel avec les parents, conteste tout, veut tout, menace, devient colérique dès qu'on lui refuse ses désirs, est-ce un « ado normal » ou un « ado roi » ? C'est-à-dire tout simplement ce petit d'homme à qui l'on n'a jamais rien refusé et qui exacerbe ses demandes, tente de convaincre son environnement de son bon droit par ses menaces et ses colères, par des comportements coercitifs[15] ?

➤ *Colère et faible estime de soi chez l'adulte*

Les schémas cognitifs sous-jacents à la colère, véritables scénarios appris au cours de notre développement, le plus souvent inconscients, sont révélateurs d'une faible estime de soi[16]. Les colériques ont tendance à se « projeter » sur les autres. Lors d'un quelconque aléa de la vie, ils croient que les personnes impliquées ont perçu leurs faiblesses ou dysfonctionnements. Ainsi, une personne qui n'a pas réussi à obtenir une mission ou un dossier importants au travail est persuadée que ses collègues pensent tous qu'elle est « incompétente, faible », image qu'elle a constamment de lui-même tant son estime de soi est pauvre. Elle ne se dit pas : « J'ai échoué pour obtenir ce dossier ou cette mission, la communication est difficile avec tel ou tel service, je tenterai d'obtenir ce que je veux plus tard, mes collègues connaissent bien les personnes en question et leur réticence. » Le colérique se persuade qu'« ils ont vu mon manque d'affirmation, ma timidité, mon manque d'expertise en ce domaine… que je suis nul ». La colère est désormais la tentative de réfuter cette « projection » : en agressant telle ou telle personne soupçonnée (par projection) de le disqualifier, de le critiquer, de le juger négativement, le colérique va tenter de prouver qu'il n'est pas ce que l'on croit. Dans l'exemple plus haut, il faut prouver que l'on n'est pas

« faible » ou peu affirmé puisque capable d'exprimer de la colère ! Ainsi il faut agresser autrui pour compenser ses sentiments de dévalorisation, le ressenti « dépressif » provoque la réaction colérique. Mais ce qui paraît moins évident, c'est qu'une faible estime de soi et un sentiment d'inefficacité produiraient deux émotions contradictoires : la dépression et la colère. Cette colère-là ne serait-elle pas seulement liée à la personne, à son tempérament, à son environnement socioculturel, à son histoire, à la situation vécue mais aussi et surtout à son évaluation de la réalité ?

➤ *Une mauvaise évaluation de soi*

Mon interprétation des faits signe le plus souvent ma propre évaluation de « moi ». Ce qui me rend colérique est en fait la révélation de mon jugement sur moi, de ma propre valeur. Sans que je tienne compte de la réalité, tel aléa devient l'occasion de renforcer les sentiments négatifs que j'éprouve pour moi. Lorsque l'on évoque les pensées subconscientes qui se déclenchent à la suite de tel ou tel incident de la vie, il s'agit le plus souvent non pas d'inférences simples, (c'est-à-dire de déductions logiques), mais d'une véritable évaluation de « ma » personnalité, de « ma » façon d'être devant l'événement. Ainsi, lorsqu'un étudiant se dit, après avoir rédigé un mémoire de maîtrise, qu'« il croit que peu de monde va être intéressé pour le lire », c'est une pensée, certes négative, mais elle est inférentielle. (Il pense qu'il est fort possible que son sujet n'intéresse que peu de personnes, que son thème infère une désertion possible des lecteurs). En revanche, s'il se dit que « ce serait affreux, terrible que personne ne s'intéresse à mon travail » et en déduit qu'il est lui-même inintéressant, il exprime une pensée évaluative, il évalue l'événement en tant que « bon » ou « mauvais » (cette fois-ci, c'est bien sa qualité intrinsèque d'homme qui en cause : les autres ne l'apprécient pas à sa juste valeur). Dans leur recherche, Jones et Trower traduisent bien l'importance des pensées « évaluatives » dans l'origine des comportements colériques, et, surtout, ils insistent sur l'importance des pensées qui blâment le comportement des autres dans toute adversité. Ils reprennent ainsi les hypothèses d'A. Ellis[17] et d'A.T. Beck : les pensées « évaluatives » dominantes sont des pensées d'autoévaluation négatives qui signent une très faible estime de soi et que la personne colérique « projette » sur les autres. Une fois de plus, si notre estime de soi est liée à une « cotation de soi » (au fait que je m'évalue ou que je sois évalué), je risque de dépendre « existentiellement » de cette « note » et n'aurai que la colère pour m'en défendre : contre moi ou contre les autres.

➤ *Une nouvelle pathologie ?*

Les accès de colère sont souvent décrits dans la nosographie psychiatrique comme des épisodes maniaques d'une maladie mentale telle que la psychose maniaco-dépressive. Des « troubles de l'humeur » sont évoqués ou des « troubles explosifs intermittents[18] ». Mais les définitions ne correspondent aucunement à ce que nous appelons vulgairement « péter les plombs ». Alors de quelle colère s'agit-il ? Comment se fait-il que beaucoup de personnes « non psychiatriques » puissent être victimes de si nombreuses crises de colère dans leur quotidien quand il s'agit d'aléas tout simples de la vie ? (photocopieuse en panne, piles vides dans la télécommande, etc.) ou de situations négatives provoquées par les autres : chef incompétent, ami égocentrique, conjoint déprimant ?

S'il nous faut donc garder à l'esprit certaines hypothèses de la psychologie pour aider les personnes colériques, il est également bon d'être prudent avec certaines affirmations de la psychologie dite « classique ». S'il y a parfois du « sens » derrière la colère, il est souhaitable de l'appréhender aussi avec du « bon sens ». Demeurer réaliste me paraît souhaitable.

Des hypothèses sociologiques

➤ *L'impuissance sociale*

La simple absence de « pouvoir » sur l'environnement peut induire des sentiments de colère ou de dépression[19]. Ce ne sont pas les personnes qui ont le plus de pouvoir sur leur vie qui génèrent de la colère, mais ceux qui se sentent impuissants devant les aléas de la vie. Cela corrobore les résultats des travaux de Smith et Ellsworth[20] : les individus qui pensent avoir un contrôle restreint sur des événements de la vie développent des sentiments de colère. De même, d'autres recherches sur la théorie des émotions trouvent l'origine de la colère dans l'absence de sentiments de grande efficacité personnelle[21] et le sentiment de ne pouvoir résoudre les problèmes du quotidien[22]. Il existerait alors de véritables sentiments de revanche qui se traduiraient par la colère[23] ? Ainsi peuvent apparaître les nécessaires colères sociales, celles qui répondent aux violences civiles que sont les abus de pouvoir, les exploitations de l'homme par l'homme, et aux agressions économiques que sont le chômage et la précarité. Certaines colères humaines, nous le savons, sont utiles et savent répondre à l'injustice de certains contextes sociaux. Mais lorsque l'homme n'utilise pas « socialement » cette colère, son sentiment d'impuissance devant la réalité peut le conduire à l'agression de tout et de rien tant son estime de soi est entamée. La recherche de

Power et Dalgleish[24] est assez significative : la colère peut apparaître chaque fois que je ne peux atteindre un objectif que je m'étais donné et bien sûr « ceux » qui ont participé à cet échec seront agressés. Elle traduit alors une réaction. Mais beaucoup de colères sont aussi apprises et non voulues.

➤ *Les colères apprises*

Quand le garçon joue avec des soldats, quand la petite fille dorlote ses poupées… Le rêve de rencontrer le prince charmant pour certaines adolescentes quand le jeune mâle se voit dans des carrières professionnelles « viriles ». Ces clichés peuvent participer à la banalisation de la colère pour le garçon : le masculin se doit d'agresser là où le féminin doit se soumettre. Parfois, non seulement le genre mais la classe sociale peuvent être déterminants pour stimuler les comportements de colère : « Les constructivistes sociaux peuvent objecter qu'une personne donnée exprimera différemment une émotion primaire suivant le contexte : la crise de colère aura par exemple plus de chance de se manifester en société parmi des gens placés plus bas dans la hiérarchie[25]. » Et combien d'enfants de milieux défavorisés, exclus parmi les exclus vont apprendre, par mimétisme, que la colère est le seul moyen d'expression. Combien d'autres de milieux plus favorisés vont apprendre le « modèle parental » d'un colérique par carence d'autres exemples familiaux. Impossible à ce sujet de ne pas penser à l'impact des médias audiovisuels.

➤ *Télé, jeux vidéo et colères*

Beaucoup d'images vidéo ou télévisées semblent renforcer les comportements colériques et la banalisation de la violence : le fait de voir des actes violents, des attitudes colériques peut avoir des effets cathartiques pour certains mais peut aussi servir de modèle à d'autres. Certaines personnalités vulnérables, en carence éducative, dans un contexte de déprivation culturelle peuvent s'identifier à des modèles agressifs[26]. Pour Albert Bandura et Clarissa Wittenberg, il est faux d'affirmer que seules des personnes déjà susceptibles de commettre des actes violents sont affectées par le spectacle de la violence. Des enfants tout à fait normaux subissent par l'image l'influence de scènes agressives ; point d'effet de catharsis mais des tentatives pour imiter les modèles[27]. En effet, nous savons l'importance des apprentissages par modèle dès l'enfance : si mes parents avaient l'habitude de régler leurs différends par des attitudes colériques, il y a de bonnes chances que je répète cette stratégie pour m'affirmer ou tout simplement communiquer à l'âge adulte. Or, de nos jours, les modèles sont le plus souvent les héros de films ou de jeux vidéo. La banalisation des comportements violents génère, pour les plus fragiles et les plus influençables, des comportements agressifs. Un adolescent qui est adepte d'un jeu vidéo tel « Sin City » (où il s'agit de voler, d'agresser les passants et autres citoyens paisibles, de voler voitures et argent là où il se trouve) et qui passe de longues heures dans cet environnement « délinquant » peut-il répondre courtoisement aux sollicitations de ses parents et autres éducateurs quand il n'est plus question de jouer mais de « la » réalité ? La colère banalisée risque d'être envisagée comme seul moyen de communication : l'autre va contre mon principe de réalité, j'entame une bonne colère pour qu'il accepte mon principe de plaisir.

L'hypothèse cognitive

La colère est tellement soudaine qu'elle paraît primaire, instinctuelle : son origine biologique ne fait plus de doute. Aussi, je préfère parler de « tempérament émotionnel », cet inné-là peut se réguler quand il interagit avec l'environnement. Telle personne colérique élevée avec des parents calmes ne développera sans doute pas les mêmes réactions que telle autre soumise aux colères incessantes de son environnement familial. Il est vrai que le manque de sommeil, la faim, semblent amplifier les passages à l'acte des colériques, mais cette hypersensibilité à tout déséquilibre métabolique ne peut rester une explication unique. L'hypothèse longtemps privilégiée d'un lien entre la colère et une sexualité refoulée n'est pas plus probante. Que la colère traduise une faible estime de soi, qu'elle soit la compensation d'une carence affective vécue dans la toute petite enfance est une piste intéressante mais quid des colériques affectivement comblés ? L'impuissance sociale, si elle stimule sans aucun doute la frustration et la colère, ne peut, elle non plus, être « la » cause puisque beaucoup de déshérités et d'exclus ne choisissent ni la colère ni la violence pour manifester leur juste révolte. Il doit donc exister un autre facteur.

Il n'existerait pas de colère, de réponse colérique à un quelconque « événement activant » ou aléa de la vie sans qu'il y ait chez l'homme tout un système de pensées automatiques conscientes et surtout inconscientes au sujet de ses « déclencheurs » (qu'ils soient passés, actuels ou futurs). *La pensée exacerbe l'émotionnel.* Elle est fluide, immédiate, peu maîtrisable et sous l'emprise de sentiments souvent exacerbés. La méthodologie de la psychologie cognitive peut favoriser la prise de conscience de nos petites voix, de nos monologues intérieurs, de nos automatismes de pensée, ces « cognitions » qui sont en interaction avec les émotions. Les difficultés de la vie, les adversités stimulent des pensées qui, elles-mêmes, provoquent des émotions et des comportements. Agir sur ces pensées automatiques génératrices d'émotions et donc de colère est une hypothèse à retenir. L'approche cognitive souligne l'importance de notre interprétation, de notre évaluation de la réalité, de ses adversités, que celles-ci incluent ou non les autres. *Reconnaître les pensées qui sont les véritables révélateurs de « notre » réalité*, c'est comprendre ce qui amplifie nos réactions émotionnelles, souvent apprises, instinctuelles et non contrôlées, c'est aussi et surtout un moyen de les tempérer. Le prix à payer sera la difficile, mais nécessaire remise en cause de nos attentes, demandes, exigences sur soi et la réalité en général. Je vous guiderai sur ce chemin dans les derniers chapitres de ce livre.

Avant cela, nous allons examiner, dans les chapitres suivants, comment des situations de vie quotidienne au travail et à la maison peuvent stimuler tout un ensemble de pensées ou « cognitions » qui participent grandement à l'expression colérique. Nous constaterons à quel point la qualité « rationnelle » ou « irrationnelle » de nos pensées (ce que je pense est-il réaliste ou irréaliste, mes pensées tiennent-elles compte du principe de réalité ?) est un facteur déterminant pour amplifier nos sentiments de colère.

CHAPITRE 5

Le bagne au travail !

> « Que chacun se sonde au-dedans, il trouvera que nos souhaits intérieurs pour la plupart naissent et se nourrissent aux dépens d'autrui. »
>
> MONTAIGNE

Les déclencheurs de la colère au travail

De nombreuses sociétés ou entreprises proposent désormais d'aider leurs salariés trop « stressés » : beaucoup souffrent du contexte économique difficile, de la précarité, mais aussi des relations humaines au travail. Pour certains, tout est prétexte à la guerre relationnelle en milieu professionnel, que l'on soit décideur ou subordonné, avec ou sans responsabilités : l'abus de pouvoir, le narcissisme du collègue, la lenteur ou le manque de rigueur du collaborateur…

Je reçois beaucoup de personnes pour qui l'activité professionnelle est un réel problème. Certaines viennent dans le cadre d'une *supervision management* ou *coaching*, avec le souci de mieux comprendre et de résoudre les problèmes de communication qu'elles rencontrent au travail. D'autres sont des patients qui consultent pour une psychothérapie. L'objectif n'est certes pas le même : le coaching vise à donner des outils, des techniques pour désamorcer telle ou telle relation conflictuelle au travail, là où la psychothérapie propose un véritable travail sur soi. Mais ces deux approches ont un point commun : elles sollicitent *une prise de conscience des demandes, des attentes et des exigences sur soi et sur les autres* dans le cadre de son travail, notamment une reconnaissance du lien entre ses sentiments de colère et ses schémas de pensée subconscients. Des pensées qu'il sera nécessaire de « disputer », de remettre en question pour qu'elles deviennent plus réalistes et qu'ainsi les réactions colériques puissent s'atténuer.

➤ *Les colères au travail sont-elles justifiées ?*

Non, il n'est pas question de « cloner », de rendre chacun de nous docile et corvéable à merci. Il est évident qu'une attitude exclusivement passive au travail ne favorisera guère les changements et donnera au plus fort tous les droits. Mais, trop souvent, nous confondons une souhaitable attitude affirmée (dire ce que l'on pense, veut et ressent) avec une réaction colérique. Même si le sentiment de colère donne généralement l'énergie pour affronter les adversités, nous l'avons vu dans les conséquences heureuses de la colère « biologique », il est recommandé d'utiliser cette dynamique pour agir et non pour offenser, quereller, rejeter, exclure. Et là encore la frontière est ténue entre une saine colère qui nous stimule pour dire et résoudre tel ou tel problème matériel et l'explosion qui s'avère le plus souvent inutile parce que l'on n'obtient rien.

➤ *Souhaits ou exigences ?*

Nous le verrons dans les témoignages qui suivent, le colérique ne tient jamais compte de la réalité, ses pensées absolues ne font que l'endoctriner et aboutissent rarement au résultat escompté. Mais il est tout à fait normal de souhaiter mille choses à son lieu de travail : avoir un supérieur hiérarchique plus communicateur, plus juste, des collègues plus solidaires, plus attentifs et des fonctions plus en conformité avec nos formations, des tâches plus stimulantes. Quand il s'agit de « souhaits », je vais savoir transformer ma frustration de voir ce qui n'est pas comme je le voudrais en « bon » stress : je vais puiser dans ce début de colère la force pour m'exprimer et réajuster avec telle ou telle situation ou relation de travail. Ainsi, j'aurai plus de chances d'obtenir mon remplacement par un collègue si je me montre persuasif et si mes arguments sont explicites que si je manifeste un ton agacé parce que je pense qu'il ou elle « devrait comprendre qu'il faut me remplacer ». Le souhait de ceux qui « obtiennent » traduit généralement une empathie certaine alors que l'exigence du colérique ne signe qu'une demande d'empathie pour… lui-même.

J'ai pu distinguer des « déclencheurs de colère au travail » : ceux qui provoquent l'ire de ceux qui dirigent, « managent » du personnel, et ceux qui insupportent employés et collègues.

Les questionnaires suivants peuvent vous aider à mieux comprendre que vous avez tous des attentes, des demandes, des exigences sur le comportement idéal d'un employé ou d'un collègue mais que bien souvent ces « désirs » se muent en sentiments de colère.

Si vous êtes un manager

➤ *Test : êtes-vous un chef colérique ?*

	Parfois	Souvent
1. Avez-vous une « liste noire » : untel est comme ceci…, unetelle est comme cela… ?		
2. Vous dites-vous souvent : « C'est pas possible ! », « C'est insupportable ! », « Ça me gonfle ! » ?		
3. Vous dites-vous : « Il(elle) aurait dû… ! », « J'aurais dû… », « Il devrait… », « Il faudrait… » ?		
4. Êtes-vous très énervé(e) par quelqu'un qui vous a dit vous avoir compris et revient vers vous pour une nouvelle explication ?		
5. Êtes-vous très énervé(e) par quelqu'un qui ne reconnaît pas son erreur ?		
6. Êtes-vous très énervé(e) par des comportements immatures comme l'acquiescement devant vous et la critique dans votre dos ?		
7. Êtes-vous très énervé(e) par le manque d'initiative ?		
8. Êtes-vous très énervé(e) par les personnalités conflictuelles, rebelles ?		
9. Êtes-vous très énervé(e) par ceux qui réalisent lentement une tâche peu complexe ?		
10. Êtes-vous très énervé(e) par les cadres qui n'ont pas d'autorité sur leur équipe ?		

Résultat

Cotez un point lorsque vous avez répondu « parfois » à la question et deux points pour « souvent » :

• *Si votre score ne dépasse pas 10 points*, vous êtes parfois agacé et frustré, mais vous avez accepté un bon nombre de dysfonctionnements chez l'humain.

• *Si votre score se situe entre 10 et 15*, vous avez du mal à gérer la faillibilité humaine !

• *Si votre score se situe entre 15 et 20*, vous êtes un chef résolument colérique, il est souhaitable de prendre conscience de certaines lois de management et d'y réfléchir de nouveau !

➤ *Ce que les chefs ne supportent pas !*

Jean est un chef d'entreprise studieux qui notait avec application les *fameux* « A » ou « événements Activateurs » ses « déclencheurs de colère au travail ». Les « déclencheurs » sont les situations de travail rencontrées que l'on estime être à l'origine de nos colères : tel ou tel événement a provoqué ma réaction émotionnelle. Nous utilisons la lettre « A » par facilité, pour bien reconnaître le lien avec la lettre « C », les conséquences émotionnelles et comportementales stimulées par le « A ». Il faudra ensuite reconnaître les pensées liées à ces « activateurs », c'est la lettre « B » des pensées automatiques ou *Beliefs* en anglais. Jean me confie quelques-unes de ses pensées qu'il croit être des attentes tout à fait normales mais vont se révéler être de véritables exigences irréalistes et sources de colère.

➤ *« Le travail c'est la santé ! »*

« Les gens qui font triste mine au travail... Vous comprenez, c'est insupportable d'avoir des collaborateurs qui vous font la gueule du matin au soir, s'ils ne sont pas heureux, qu'ils aillent voir ailleurs, surtout que je n'ai rien à me reprocher côté salaires ! ».

Je peux donc définir la première « loi » de Jean : *le personnel se doit d'être heureux lorsqu'il a du travail.* Mais qu'en est-il de tous les autres événements du quotidien, de la vie en famille, du couple, etc. ? « Qu'ils mettent leurs soucis de côté, comme moi ! » rétorque Jean, d'où cette deuxième « loi » : *on doit mettre ses problèmes personnels au vestiaire quand on est au travail.* Rien ne doit donc perturber un salarié, il doit être assez fort pour résister à tous les aléas de sa vie privée et affective. Le code du travail n'a-t-il pourtant pas prévu des journées de congé pour raison de deuil, des arrêts maladie pour des problèmes de santé ? Là où le législateur reconnaît la faillibilité humaine, est-ce bien réaliste d'exiger l'infaillibilité quand on est employeur ?

Et que se passe-t-il quand on est adepte de ces attentes irrationnelles ? Pas de tentative de communication avec le salarié pour savoir ce qui se passe, comprendre les difficultés et négocier un quelconque compromis pour retrouver tout son potentiel. Point de management puisque tout est dit dans la demande initiale : voilà comment on « doit » fonctionner, ce n'est pas le rôle du dirigeant de s'embarrasser de ces problèmes. Cela ne va-t-il pas à l'encontre du principe même de management ?

➤ *« Travailler doit rendre heureux ! »*

« Les non-motivés… c'est comme certains que je vois traîner la jambe, ils devraient se rendre compte qu'avoir un travail à l'heure actuelle c'est de la chance ! »

Autre loi : *le personnel se doit d'être enchanté et motivé puisqu'il échappe à un contexte d'emploi difficile.* Il est vrai que trouver un travail est une joie au regard de la pénurie ambiante, mais est-ce si simple ? Le manque de choix ne favorise-t-il pas au contraire les erreurs de parcours professionnels, les formations diplômantes inadaptées aux personnalités, les profils de poste en parfait désaccord avec les potentiels ?

➤ *« Travailler, c'est facile ! »*

« Les paresseux… il y en a même qui ralentissent leur productivité dès que le CDI est signé, vous trouvez ça normal ? »

Et voici une nouvelle « loi » : *le personnel doit être constamment au maximum de son rendement,* avec pour corollaire « les fainéants ne devraient pas exister ! ». Ces formules paraissent *a priori* « rationnelles », il est difficile d'accepter que ceux que l'on a employés aient pour but d'en faire le moins possible ! Et pourtant, certaines flemmes aiguës apparaissent peu à peu dans tous les environnements. Il faudrait faire des recherches pour éventuellement établir des statistiques (quel est le pourcentage d'adeptes du farniente dans une population active ?). Mais sommes-nous si égaux côté énergie, dynamisme, volonté, et selon les périodes de l'année ? Pour d'autres raisons, du cancre à l'école au salarié tire-au-flanc, on constate que certains humains ont beaucoup de mal avec l'effort, les contraintes, les frustrations en général. Faut-il les anéantir ? Ou bien est-il possible, là encore, de les stimuler par un « management adéquat » ? Certains ont besoin d'un cadre défini de travail avec un contrôle permanent, d'autres exigent des réajustements avec conséquences immédiates pour les remettre sur les rails... Mais se moquer, dénigrer, pester et se mettre en colère n'ont en général que peu d'effet. Je me rappelle cette réflexion d'un salarié qui avait pris l'habitude des remontrances fortes en décibels de son responsable : « Beaucoup de bruit, il faut laisser passer l'orage... cela ne change rien ! » C'est le « beaucoup d'émotion, pas de punition » de Félix, élève de 12 ans qui me racontait les réactions paternelles devant les bulletins scolaires. Décidément la colère n'obtient pas grand-chose : rien ne changera dans le réel et son auteur est vite qualifié de « caractériel », d'« impuissant », voire de « ridicule » ou de « malade » !

➤ *« Ne travailler qu'avec des prix Nobel »*

« Les petits potentiels... ah ! les petits niveaux ! Vous n'avez jamais travaillé avec quelqu'un qui ne comprend pas ce que vous dites, avec quelqu'un qui n'a pas d'esprit de synthèse, vous regarde bouche grande ouverte dès qu'il y a la moindre complexité dans une tâche ? »

D'où cette autre « loi » :... *ne peuvent collaborer à la bonne marche de l'entreprise que les forts QI, les cerveaux les plus abstraits.* J'avais beaucoup ri à ce dialogue d'un film comique[1], lorsqu'un policier affirme au psychiatre que l'« on devrait enfermer les "cons" », la réplique avait fusé : « Vous vous rendez compte de la taille des prisons ! » Quelle est donc cette histoire de petits potentiels et de grands génies ? Certes, nous n'avons pas tous les mêmes formations, la même culture. Oui, il existe bien des différences au niveau des

« opérations mentales », certaines personnes sont très concrètes, pragmatiques, manient avec difficulté les concepts, là ou d'autres sont à même de formaliser, d'abstraire facilement. Certains blocages mentaux ne sauraient traduire un simple crétinisme des Alpes (même si nous savons bien qu'il existe des personnes déficitaires, elles sont d'ailleurs généralement en institution spécialisée, ne viennent bien évidemment pas uniquement des Alpes et ne peuvent que très difficilement s'insérer dans le monde du travail), ils signent le plus souvent une faible interaction entre potentiel réel, scolarisation, stimulation du milieu social et difficultés affectives. L'opération mentale, la façon de penser, de réfléchir, de conclure n'est pas « une » et ne saurait être réduite au seul quotient intellectuel. Nous le savons depuis longtemps, l'intelligence est le produit d'une interaction entre un potentiel, une origine génétique, et le socioculturel, le familial et l'affectif propre au sujet. Une interaction avec l'environnemental au sens large. Est-ce à dire que tout est figé si certaines interactions ont dysfonctionné ? Non, bien au contraire, l'intelligence est modifiable, témoins ces ateliers de « remédiation cognitive » que nous animions auprès de salariés « petits niveaux » de l'entreprise Renault trucks[2] : ceux-ci voyaient leurs potentiels, grâce à des outils spécifiques, regagner sans cesse de la compétence et de l'abstraction. Comment des personnes peu scolarisées qui avaient été embauchées dans les années soixante et n'avaient pratiqué, en usine, que des tâches répétitives et peu stimulantes pouvaient-elles s'adapter à de nouvelles exigences de la fabrication moderne ? Comment pouvaient-elles intégrer les consignes écrites, contrôler, initier, proposer et participer à la « qualité » ? En formation continue, des exercices pour « apprendre à apprendre », tel le « Programme d'enrichissement instrumental[3] », leur permirent de renouer avec les nouveaux apprentissages en dégrippant un potentiel mental jusque-là figé.

Mais si l'on défend l'idée d'éliminer les « petits niveaux », il sera désormais demandé aux recruteurs des résultats exceptionnels aux tests de QI avec certaines conséquences étonnantes : qui nous dit que l'exceptionnel matheux sera intelligent pour communiquer ? Qui nous dit que le fort en relations saura planifier, rechercher méthodiquement ? L'intelligence, n'est pas une, mais bel et bien multiple dans ses formes. Une fois de plus, il sera souhaitable d'accompagner, de comprendre le « petit niveau ». Et si l'individu répond parfaitement à la chanson de Brassens (« quand on est c…, on est c… ! »), il vous faudra « manager » un c…, tenter de le rendre moins c… si possible, sinon vous risquez de « devenir chèvre » en quelques jours. Car un vrai c… n'a que faire de vos grimaces et de vos colères, il sait qu'il vous tue et cela l'amuse ou il ne le sait même pas mais, dans les deux cas, continuera de plus belle. Pas d'autre alternative que d'essayer de réduire sa bêtise ou de s'en séparer mais hurler tous les jours qu'« il ne devrait pas être aussi c… », souvenons-nous de la chanson…

➤ *« Soyez réactifs, autonomes ! »*

« Les lents… ceux-là non plus ne devraient pas exister ! nous sommes dans un monde de concurrence et de compétition, pas de place pour les mous, les improductifs ! »

Cette affirmation correspond à la « loi » : *ne sont acceptables au travail que les réactifs, les dynamiques, ceux qui ont du tonus.* C'est bien sûr la même histoire que pour les « petits niveaux », chercher à s'en débarrasser est un vœu pieu. Que faut-il faire pour activer un lent ? Est-il toujours bien utile d'être *speed* ? Ne faut-il pas des personnels moins réactifs pour prendre certaines distances, corriger des erreurs, voir ce que les impulsifs n'auront peut-être pas perçu ?

« Ceux qui ne prennent pas d'initiative… et ceux qui attendent qu'on leur mâche le travail. Nous perdons un temps fou avec eux, ils n'anticipent jamais, ne voient pas ce qu'ils pourraient faire quand ils ont accompli leur petite routine ! »

J'entends cette fois un *c'est normal d'initier, d'anticiper !*. Là nous évoquons la même irrationalité : tous les humains ne fonctionnent pas mentalement de la même façon pour différentes raisons. S'attendre à ce que tous soient capables d'anticipation est un leurre. Quand on voit combien est grand le nombre de personnes qui sont prisonnières de l'immédiateté, espérer chez elles du « moyen et long terme » exigera tout un travail d'accompagnement.

« Les personnalités dépendantes… vous savez, ces types de personnalités qui sont constamment rivées à vos chaussures, incapables de s'autoévaluer, qui quêtent sans cesse le moindre compliment, incapables de travailler seules ! » et donc seules les autonomes ont droit de cité au travail ! Nous le constatons souvent lors de recrutements, beaucoup de gens ne rêvent que de travailler dans un univers où tout est préparé, initié, contrôlé. Ceux-là n'ont aucune envie de travailler seuls, ils aiment les rapports avec la hiérarchie, sont sécurisés par l'autorité, les procédures et autres modes d'emploi, mais perdus quand ils sont seuls ! Au lieu de les aider à épanouir leur potentiel par un accompagnement, un enseignement et des réajustements, il leur est dit que c'est « seul » que l'on progresse le plus ! Ces personnes, *a contrario*, souhaitent un maximum d'information pour bien faire, mais se heurtent à ce silence des gardiens de l'autonomie à tout prix. Ces grands indépendants qui ont oublié que « seuls les champignons poussent à l'ombre », que beaucoup de personnes aiment être éclairées pour s'instruire.

➤ *« Prolétaires de tous les pays, ne vous unissez pas ! »*

« Les “rebelles” à l'autorité… vous comprenez, s'ils ne supportent pas d'être commandés ils n'ont qu'à créer leur propre entreprise, c'est simple ! »

… l'humain se doit d'accepter l'autorité s'il ne peut être que subalterne. Certes, il vaut mieux ne pas être trop rebelle à toute hiérarchie quand on intègre le monde du travail, mais est-ce bien rationnel de penser que cela ne doit pas exister ? L'autorité n'est-elle pas nouvelle pour beaucoup ? Faisait-elle réellement partie du monde scolaire, universitaire et de la formation en général ? Et puis, face à l'autorité, tous les tempéraments sont-ils les mêmes ? La réalité est qu'il vaut mieux s'attendre à un personnel très frileux dès qu'il s'agit d'accepter des consignes, des commandements : pas facile de se faire obéir. Mais surtout, une fois de plus, il est préférable de se demander comment faire pour accroître son autorité que d'exiger qu'elle soit là par la logique d'un quelconque organigramme. L'autorité ne se gagne-t-elle pas dans tout système démocratique ? Est-ce que ce ne sont pas uniquement les contextes militaires qui imposent une autorité *de facto* ?

➤ *Des « lois patronales » ?*

Bien sûr que toutes ces petites lois ont une certaine logique pour un dirigeant ou chef d'entreprise, mais tout cela est-il bien réaliste ? Cet humain à la parfaite maîtrise de soi, à l'affirmation prononcée, au courage, à la ténacité, au contrôle infaillible, existe-t-il ? Lorsque je suis sollicité pour des recrutements de personnel et que j'écoute les exigences liées au poste, je me demande souvent sur quelle planète nous allons trouver l'oiseau rare : du commercial qui doit être très méthodique, au comptable qui se doit d'être loquace, « nous voulons le mouton à cinq pattes », me disent-ils, relativement conscients de leur demande irrationnelle. Mais quand le candidat ne répond pas à ces folles attentes, le sentiment de colère revient au grand galop. Pas question de se demander comment « manager » tel ou tel dysfonctionnement chez un collaborateur, non il doit « être ce qu'on attend de lui ». Cette demande « irrationnelle » est un des déclencheurs le plus souvent rencontrés chez « mes » chefs colériques.

➤ *Du constat à l'action*

Oui, si je suis responsable de personnel, il est justifié que je m'inquiète des dysfonctionnements de ceux que j'ai embauchés. Encore une fois, une attitude passive ne ferait qu'exacerber les difficultés. « Manager » signifie « faire avec », il est bien question d'action et non pas d'une simple constatation. Mais ce qui est disproportionné dans les « lois » décrites précédemment c'est leur caractère « absolutiste » : voilà comment « doit » être le parfait collaborateur. Ce n'est pas : il est comme ceci ou cela, je n'aime pas ce comportement, cette attitude, j'espère le faire changer et vais m'y prendre de telle ou telle façon. Non, c'est : « S'il veut rester dans sa fonction, il “doit” changer… » L'attitude « passive acceptante » du « chef » serait de se complaire avec les défauts de ses employés, alors que l'attitude « active modifiante » est de reconnaître ce qui ne va pas et d'avoir des stratégies de management pour que cela change.

Mais les attentes, les demandes, les exigences « irrationnelles », parce que absolutistes, sont-elles l'apanage des supérieurs hiérarchiques ? Même s'il est concevable de penser que certaines fonctions doivent stimuler une plus grande remise en cause que d'autres, au travail, nous devons tous réfléchir à nos « lois » de fonctionnement qui ne font qu'amplifier les aigreurs et génèrent le plus souvent des conflits.

Vos relations avec vos collègues

➤ *Test : Êtes-vous un employé colérique ?*

	Parfois	Souvent
1. Avez-vous une « liste noire » : untel est…, une telle est… ?		
2. Vous dites-vous : « C'est pas possible ! », « C'est insupportable ! », « Ça me gonfle » ?		
3. Vous dites-vous : « Il(elle) aurait dû… ! », « J'aurais dû », « Il devrait », « Il faudrait » ?		
4. Êtes-vous très énervé(e) par un collègue lent ?		
5. Êtes-vous très énervé(e) par un collègue qui ne reconnaît pas son erreur, qui montre de la mauvaise foi ?		
6. Êtes-vous très énervé(e) par le manque d'autorité de votre hiérarchie ?		
7. Êtes-vous très énervé(e) par les hypocrites devant un responsable hiérarchique ?		
8. Êtes-vous très énervé(e) par les personnalités conflictuelles, caractérielles ?		
9. Êtes-vous très énervé(e) par les collègues qui étalent leur vie privée au travail ?		
10. Êtes-vous très énervé(e) par les collègues qui ne parlent que de leurs diplômes ?		

	Parfois	Souvent
11. Trouvez-vous insupportables ceux qui « tirent la couverture à eux » devant un « chef » ?		
12. Êtes-vous très irrité(e) par les désorganisés, ceux qui « brassent de l'air » ?		
13. Êtes-vous très énervé(e) par les sautes d'humeur d'un collègue ?		
14. Êtes-vous très énervé(e) quand un « hiérarchique » fait preuve d'autorité ?		
15. Êtes-vous très énervé(e) par ceux qui « prennent des pauses à rallonge » ?		

Résultat

Cotez un point lorsque vous avez répondu « parfois » et deux points pour « souvent » :

• *Si votre score ne dépasse pas 15 points*, vous êtes parfois agacé, mais vous avez accepté un bon nombre de dysfonctionnements chez vos collègues.

• *Si votre score se situe entre 15 et 22*, vous avez du mal à gérer les difficultés au travail qui ne sont pas de votre fait, vous êtes souvent irréaliste dans vos demandes.

• *Si votre score se situe entre 22 et 30*, vous êtes un collaborateur colérique, lisez attentivement les « attentes irrationnelles » décrites ci-dessous et contestez-les : sans remise en cause, vous risquez d'entrer dans de perpétuelles joutes ou conflits au travail.

➤ *Pour une synergie d'entreprise !*

Quand on est « collaborateur », il est possible de souffrir de la même chose qu'un responsable hiérarchique. En effet, que l'on soit dirigeant ou subordonné, il existe parfois un tronc commun dans les attentes irrationnelles au travail : que le lent soit rapide, que le timoré s'affirme, que le silencieux parle, que le hâbleur se taise, que le narcissique écoute les autres, que le grincheux sourie, que le triste rigole, que le « bouffon » soit sérieux, que la collègue séduisante ne séduise pas… bref, qu'ils ne soient surtout pas ce qu'ils sont !

Certaines personnalités semblent avoir l'art de faire craquer tout le monde.

➤ *« Soyez sûrs de vous ! »*

Les anxieux... Ceux pour qui la moindre petite erreur est un drame, qui n'osent pas prendre de risques qu'ils soient matériels ou relationnels, ceux qui se taisent en réunion, qui quêtent inlassablement l'approbation de tel chef ou collègue… Il faudrait donc *posséder une parfaite maîtrise émotionnelle, avoir le goût du risque et bien encaisser les échecs, être résistant au stress, ne craindre personne pour répondre aux attentes de l'entreprise et de ses membres ?* Mais les profils anxieux sont-ils néfastes sur un lieu de travail ? Sans doute stressés mais le plus souvent attentifs, ils travaillent précisément, méthodiquement, cherchant à contrôler et à vérifier, ils sont de véritables adeptes du travail bien fait. Et puis sont-ils si désagréables dans leur quête d'approbation ? Ils sont souvent perçus positivement par leurs collègues de travail. Au final, la vraie question demeure : l'anxiété frappant environ un tiers de la population, est-il bien raisonnable de vouloir les éviter ?

Les perfectionnistes… Ils ont tendance à prendre plus de temps qu'il ne faut pour une mission, ne savent pas étudier un dossier « en diagonale », ne peuvent pas répondre immédiatement à une demande. Cela signe souvent de l'anxiété.

Est-ce une tare rédhibitoire ? Les perfectionnistes réagissent en général vite à un management et à une ambiance de travail sécurisants et adéquats. Et certains métiers ne sont-ils pas faits pour ces profils ? Je me vois mal subir une opération chirurgicale avec un non-perfectionniste !

Ainsi la colère voudrait exclure certains « profils de personnalité » du monde du travail, mais elle ne s'arrête pas là, elle sait aussi exiger, chez autrui, des comportements qu'elle juge incontournables. Et ce sont ces autres grandes « lois » ou « irrationalités » que nous entendons quotidiennement et qui portent en elles ces mêmes demandes, attentes, exigences folles concernant l'être humain et qui vont générer des colères de plus en plus fortes quand l'humain fonctionne, finalement, comme un humain !

➤ *« Soyez infaillibles ! »*

Les indisciplinés... Ceux qui, pendant l'absence d'un responsable, vont tout faire pour ne pas travailler : « Ce sont des hypocrites qui profitent d'une certaine liberté pour ne plus rien faire, vous savez : lorsque le chat n'est pas là, les souris dansent ! »

L'humain doit constamment faire preuve d'autodiscipline ! Ce serait formidable, certains en sont capables, d'autres non. Alors que faire de ces filous qui ne font plus grand-chose dès qu'on a le dos tourné ? Être plus présent, confier son autorité à une personne « relais », évoquer ce problème en équipe, ces stratégies sont sans doute plus rentables.

➤ *« Ceux qui font des erreurs… »*

Vous savez, ceux qui ont besoin de faire trois fois une chose pour vous la remettre en bonne et due forme, jamais de « bonne première fois », pas des fautes professionnelles graves, mais des étourderies, des marques d'inattention, d'incompréhension, bref des personnes qui nous prennent un temps précieux et dont il faut toujours vérifier le travail… *L'erreur au travail n'est pas humaine !*

Et après les lents, *ceux qui vont trop vite…* « Il faut savoir se réguler, accélérer ou ralentir quand il le faut ! »… *réactivité et prise de recul doivent aller de pair !*

➤ *« Ne mentez pas ! »*

C'est insupportable ces personnes qui, au lieu d'avouer tout de suite une erreur, vont inventer tout un stratagème pour nous prouver le contraire, ils devraient se souvenir que « faute avouée, à moitié pardonnée ».

Les menteurs, la « mauvaise foi » de certains, ceux qui ne reconnaissent pas leurs torts… Cette croyance a force de loi chez beaucoup… *le mensonge n'a pas lieu d'être dans un lieu de travail, il faut dire la vérité…* Pour certains c'est relativement facile d'avouer une erreur. Leur estime de soi est probablement assez résistante mais est-ce la même chose pour beaucoup d'autres ? Le premier réflexe de celui qui commet une faute, une erreur, n'est-il pas de se disculper ? Combien d'adultes se sont enfermés dans le mensonge, sont allés jusqu'au bout de leur stratégie et l'ont payé, parfois, d'un licenciement pour ne pas avoir pu dire la vérité sur leurs dysfonctionnements au travail ? Tels des petits enfants qui préfèrent nier le vol d'un bonbon par peur des réactions, alors que les parents l'ont vu. Ou tel autre préadolescent qui cache ses mauvaises notes… Oui, l'humain n'est pas toujours clair quand il sait qu'il a tort, c'est bien pour cela qu'il est souvent recommandé non seulement aux supérieurs hiérarchiques de sécuriser un maximum leur personnel pour avoir « la » vérité en cas d'erreur mais aussi aux collègues de travail d'être plus conciliants qu'accusateurs en cas de dysfonctionnement. Non, exiger « la » vérité est irrationnel, savoir qu'elle peut être difficile à obtenir et rechercher comment la favoriser est un vrai défi en communication.

➤ *« Ni trop beau, ni trop nul ! »*

Les *narcissiques…* « Ces moi, moi, moi, nous rendent fou… j'ai fait telles études… là où je travaillais j'avais fait telle chose… sans parler du reste, il n'y en a que pour eux »… *les collaborateurs d'une entreprise se doivent avant tout d'être altruistes !*

Cela est fort souhaitable, en effet, mais peut-on, une fois de plus, ajouter les narcissiques sur la liste des humains qu'il faut éliminer ? Doit-on les répertorier sur la liste dite des « virus » : à faire disparaître avec les lents, les petits niveaux, les rebelles, les menteurs ?…

Ceux qui n'ont pas d'autorité… pour un responsable, la rengaine est toujours la même : « Alors là, c'est pire que tout le reste ! Je choisis untel pour diriger un service et malgré tous mes conseils il devient de plus en plus "nourricier", porteur d'eau, ne sait pas faire preuve d'autorité, bref son nouveau titre le rend non directif et a-conflictuel… » Qui ne connaît pas cette loi fameuse : *Tout chef désigné doit avoir de l'autorité sur son futur personnel !*

De leur côté aussi, certains subordonnés peuvent éprouver cette aversion du « chef qui n'est pas chef », si leur « loi » est qu'*un chef est affirmé et autoritaire*. Même si ses capacités d'écoute, son grand respect humain sont reconnus, il va lui être constamment reproché de ne pas savoir « décider », « trancher », « prendre ses responsabilités ». Je ne veux pas dire qu'un chef « empathique » est incapable d'autorité, mais certaines personnes ont du mal à être à l'écoute du personnel et à garder une autorité en même temps. En revanche, il apparaît probable que ce n'est pas en l'exigeant qu'on obtiendra qu'un chef « gentil » devienne plus affirmé. *A contrario*, d'autres personnes pensent l'inverse, *le bon chef ne montre pas d'autorité, il écoute, aide, communique, etc.* Pour ceux-là, toute attitude d'autorité est bannie : seules sont bonnes les attitudes de compréhension, d'aide et seront dénigrées toute décision solitaire, toute menace de sanction, voire toute affirmation de soi tout court de la part de leur responsable. Une fois de plus, accepter les carences d'un supérieur hiérarchique, ce n'est plus croire que « la fonction crée l'homme » mais que c'est la rencontre entre son potentiel et ses missions, les interactions avec les différents acteurs, les formations et diverses autres variables qui sont déterminantes.

➤ *Sus aux petits chefs !*

Chloé, 24 ans, un « bac plus 5 », est embauchée depuis plusieurs mois, elle travaille « dans le marketing », cela lui plaît mais elle vient consulter car elle sent que tout va craquer si rien n'est fait : « J'en peux plus des c..., des petits chefs, ce serait bête de tout quitter à cause d'eux... » « Ou à cause de vous ?... » osé-je. Devant le regard furieux de Chloé, je lui explique que le travail que nous allons entreprendre ne consiste pas à remettre en cause les « méchants » mais à reconnaître ce qui, en elle, exacerbe ses sentiments colériques, c'est-à-dire ses demandes, attentes, exigences... Mais Chloé, et c'est bien normal, commence par me « prouver » que ses chefs sont bien les « méchants », elle me liste tout ce qui lui est insupportable au travail.

➤ *Que les chefs soient bons !*

• Je suis toujours la dernière informée ! = *on doit m'informer rapidement.*
• Mon chef direct ne me confie jamais de tâches complexes = *les missions doivent être équitablement réparties entre les employés.*
• Il ne parle pas, il est coincé = *tout responsable hiérarchique doit être un* « communicateur ».
• Il n'ose pas intervenir auprès d'une plus ancienne, il en a peur ! = *tout chef se doit d'être affirmé et d'avoir de l'autorité.*
• En plus, il contrôle ce que je fais comme à l'école = *pas de droit de regard du chef !*

➤ *Les subordonnés ne font que subir !*

Mais que fait Chloé pour améliorer l'information, va-t-elle la demander ? « Ce n'est tout de même pas à moi de mendier les infos ! » Cela lui paraît peu logique, mais quel est l'objectif : avoir les informations ou avoir un chef qui informe ? Surtout si celui-ci n'en a pas conscience, ne peut pas ou ne veut pas... *Idem* pour la répartition des tâches, doit-on attendre perpétuellement l'équité du chef ou en parler avec lui s'il existe trop d'écarts ou de dysfonctionnements ? Et, pour l'aspect communication, ne peut-on qu'attendre plus de relations si le chef en question est un grand introverti ou tout simplement un timide ou un maladroit ? C'est toujours la même attente : l'autre ne doit pas être ce qu'il est, mais ce que je veux qu'il soit !

En colère contre soi au travail

Mais les demandes ou attentes irrationnelles que nous avons au travail ne concernent pas uniquement les collaborateurs, les supérieurs hiérarchiques, les autres en général. Nous avons aussi des exigences folles à propos des compétences que *nous* devons avoir... La colère contre soi-même au travail traduit à quel point nos propres attentes peuvent entamer l'estime de soi.

➤ *Ne sois pas ce que tu es !*

Je sais que je suis peu affirmé, je me condamne chaque fois que je n'ai pas osé dire telle ou telle chose à une personnalité forte ou conflictuelle. Je suis anxieux, je me culpabilise de n'avoir pas été clair, éloquent, charismatique à la dernière réunion de travail. J'ai du mal à rédiger des rapports, je m'en veux d'être aussi peu synthétique. Si je n'arrive pas à me concentrer sur une tâche, je me compare immédiatement au collègue plus performant. Une fois de plus, je ne devrais pas être celui que je suis ; au lieu de faire clairement l'état des lieux de mes forces et de mes faiblesses, je vais inlassablement tenter d'être celui que je ne suis pas. Dès lors, cette colère contre soi peut vite se transformer en dépression.

➤ *Sois ce que tu n'es pas !*

Je me souviens de ce cadre supérieur à fort potentiel qui n'était pas fait pour manager « directivement » et qui ne supportait pas ce trait de personnalité (a-conflictuel). Cette non-conflictualité ne correspondait pas aux nouvelles missions qui lui incombaient, il savait ne pas posséder un tempérament « guerrier » (appréciation réaliste de sa part) mais il en arrivait à oublier tout le reste, toutes les qualités de sa personnalité (évaluation irréaliste) : son énergie, son dynamisme, sa réactivité, sa créativité, son empathie… Être un « bon » au travail, c'était avant tout être ce qu'il n'était pas : un dirigeant conflictuel.

Une fois de plus, le bon sens cède devant l'irrationnel : les « ce que je devrais être » vont éliminer les nombreux aspects positifs de ce que je suis. L'exigence irrationnelle sur soi est absurde et destructrice.

Être « irrationnel » au travail :
quand je dois être ce que je ne suis pas !

Ce que l'on est ou croit être	Des absolus de pensée	Des pensées plus rationnelles
Je suis littéraire.	Je dois avoir l'esprit scientifique !	Il serait bon de m'intéresser à d'autres connaissances.
Je suis scientifique.	Il me faut créer comme un artiste !	Pourquoi ne pas par moments laisser vivre une autre créativité chez moi ?
Je suis anxieux.	Je ne dois pas « stresser » aussi facilement !	Comment faire pour baisser mon anxiété, apprendre, me faire aider ?

Ce que l'on est ou croit être	Des absolus de pensée	Des pensées plus rationnelles
Je suis étourdi.	Je ne dois rien oublier !	Existe-t-il des méthodes pour mieux organiser mon travail ?
Je suis solitaire.	Je dois travailler en équipe !	Comment mieux communiquer avec mes pairs ?
Je suis timide.	Je dois être transcendant côté relationnel !	Est-ce si difficile de s'affirmer, cela s'apprend-il ?
Je suis perfectionniste.	Je dois prendre les choses plus « légèrement » !	Comment pourrais-je faire pour ne pas être victime de ce « toujours mieux »[4] ?
Je ne suis pas conflictuel.	Je dois savoir dire la vérité aux autres !	Dire sans heurter les autres est-ce possible ?
J'ai besoin de temps pour bien faire.	Je dois travailler très rapidement !	Peut-on acquérir une meilleure gestion de son temps de travail ?
Et vous ? Vous êtes… Et quelle exigence irrationnelle avez-vous ?		
Je suis…	Je me dis souvent que je dois…	Je pourrais penser différemment.

Attentes, demandes, exigences… pour quels résultats ?

➤ *Que signifient ces exigences ou « lois » du colérique ?*

Ces « lois » répondent à une logique (mathématique du type « 2 + 2 = 4 ») qui ne tient pas compte du contexte puisque les demandes, les attentes ou les exigences que nous venons de décrire sont le plus souvent hors réalité : il suffirait d'établir de solides certitudes sur le fonctionnement humain pour obtenir « ce qui doit logiquement se passer !... ». Vous tentez de créer un univers de travail positif ? Vos collaborateurs se doivent donc d'êtres policés, rigoureux, francs, réactifs, coopératifs, respectueux, sincères, motivés, heureux, et ils doivent vous accepter tel que vous êtes ! Nous sommes loin de la réalité, car cette logique scientifique ne concerne pas l'humain ou les sciences humaines en général et il est souhaitable de se méfier de ses conclusions irrationnelles. En effet, telle personne peut très bien dysfonctionner un jour et redevenir performante un autre jour. D'où la nécessité de communiquer, écouter, s'informer avant de conclure, juger, éviter, combattre ou exclure. Les « lois » du colérique ne tiennent pas compte de la réalité humaine, c'est en cela qu'elles sont irrationnelles[5].

➤ *Les conséquences négatives*

Si nous adhérons à ces pensées, attentes, demandes, exigences irrationnelles, c'est l'humain en son entier que nous réfutons ! Non seulement cela est absurde mais cela va vite provoquer l'inverse de ce que nous espérions : penser « irrationnellement » au sujet des autres conduit à l'échec. Lorsque j'exige que tel collaborateur me dise la vérité, je risque de « l'incendier » si je découvre qu'il me cache quelque chose et le résultat réel est qu'il systématisera la rétention d'information. La menace ou l'injonction suscite l'évitement, la peur et donc le mensonge, rarement la confiance nécessaire.

Par ailleurs, les renforcements négatifs suivent souvent les réactions émotionnelles. Puisque je suis un « chef » qui n'attend que des comportements logiques, je vais oublier la relation, les renforcements positifs, je ne vais pas travailler mes registres de communication, je vais souvent montrer de l'agressivité et non de l'affirmation de soi, conclure trop vite au lieu de m'informer, je ne vais pas « manager » ou « faire avec » mon personnel. Et ce dernier, non « managé », non stimulé, peu dirigé mais, au contraire, critiqué, négativisé, reprendra des comportements infantiles d'opposition, d'évitement ou de soumission qui eux-mêmes entraîneront des réactions encore plus émotionnelles de la part de la direction et ainsi de suite.

➤ *Comment devenir plus rationnel et plus efficace ?*

Puisqu'il est impossible de changer immédiatement l'événement « activateur » de notre colère, la situation de travail ou l'attitude de notre collaborateur, puisqu'il est rare de pouvoir se relaxer immédiatement pour faire baisser son émotionnel (à moins de tenter de le faire de manière artificielle avec des palliatifs comme le tabac, le café ou toute autre addiction), il ne vous reste que la remise en cause de vos pensées automatiques, de vos demandes, attentes, exigences « irrationnelles ». À quoi bon pester contre un collaborateur « lent » s'il « est » lent, contre un « rebelle » s'il « est » rebelle, contre un « narcissique » s'il « est » narcissique ?

Il n'est pas question de simplifier en disant qu'il suffirait de rester stoïque, de rester « zen », de tout accepter de nos collaborateurs, de nos collègues. Ce n'est pas non plus une démarche philosophique d'un quelconque moine bouddhiste ou trappiste qui accepte une certaine réalité pour mieux vivre avec elle. Quoique… Finalement, est-ce si utopique de penser le réel différemment ? En effet, si un collaborateur se défend d'une erreur commise par le mensonge, votre réaction colérique risque fort de créer l'amalgame, de « le » rejeter en son entier et non d'appréhender son comportement, le mensonge. Si, *a contrario*, vous acceptez qu'il mente (je n'aime pas cette attitude mais c'est la sienne devant une erreur) vous tenterez d'en savoir plus sur sa réaction : Pourquoi ? Que craignait-il ? Que fera-t-il la prochaine fois ? etc. Mais qu'est-ce qui fait que nous allons passer de la colère avec en filigrane « on ne doit pas mentir » à cette acceptation-là ? Est-ce l'émotion qui s'est atténuée d'elle-même ou bien est-ce l'influence d'une nouvelle pensée, « je n'aime pas les menteurs, mais je sais qu'ils existent… » qui tempère ma colère initiale ? Une autre façon de penser l'adversité, le « déclencheur » de nos émotions, ici le mensonge, peut donc me faire ressentir une émotion moins disproportionnée que la colère. Je me sens frustré, agacé, voire énervé, mais j'ai la force de continuer à communiquer avec mon menteur. Mais si vous persistez dans votre colère, que vous attendiez qu'il s'amende « moralement », ce sera une attitude statique et aléatoire, vous vous en remettez complètement à l'autre : l'humain doit modifier ses comportements parce qu'il « doit » le faire…

➤ *Colère et renforcements négatifs*

Et quelles sont les conséquences lorsque l'on reste dans ses attentes, demandes ou exigences irrationnelles ? Comme d'habitude, nous allons « renforcer » le comportement que nous voulions voir disparaître.

Chloé ne va toujours pas chercher l'information, de ce fait elle en a de moins en moins, elle commence à faire de petites remarques sur les défauts du chef… Celui-ci repère vite cet esprit « rebelle » et évite de communiquer avec elle… L'équation se développe : moins d'informations, encore moins de communication et une grande chance pour que son chef veille moins à une bonne répartition des tâches, etc. Mais comme le dit Chloé : « Alors, dans votre système, il faut tout accepter ? On doit se la boucler gentiment et être content de tout, c'est ce que veulent les patrons ! » Non, je ne suis pas « pro-patron », ce que je veux dire à Chloé, c'est que sa colère, stimulée par ses attentes excessives, ne va rien arranger à la situation mais au contraire l'amplifier. Quand il s'agit de reconnaître comment est son chef, ce n'est pas pour lui donner raison mais pour que Chloé redevienne actrice de sa vie et non pas qu'elle attende de manière infantile que le chef en question change. S'adresser à son chef pour évoquer les disparités au travail, l'absence d'information, les dysfonctionnements, ne lui fera sans doute pas plaisir mais peut changer les choses plus que Chloé ne le croit : c'est de l'interaction là où elle ne propose que de l'exigence attentiste. Et si le chef ne modifie pas du tout son comportement après des efforts de sa part, Chloé aura deux solutions : soit rester dans ce travail et prendre des mesures pour en souffrir le moins possible, soit quitter cet environnement devenu trop irrespirable ; de toute façon elle agira. Mais rester toute la journée avec un supérieur déplaisant en espérant quotidiennement qu'il n'en soit plus un… cela revient *à noter dans son agenda la prière suivante* : « J'ai un petit chef au travail, faites qu'il ne le soit plus ! » Là nous en sourions mais, pour Chloé, c'est de la colère car « Les petits chefs ne devraient pas exister au XXIe siècle ! ».

Pas question de prôner, je le répète, un fatalisme de mauvais aloi au travail, une sorte de « Soyons réalistes, acceptons le monde du travail comme il est, après tout, ce n'est pas si mal ! » Non, s'il est recommandé de « l'accepter » c'est surtout pour ne plus le subir passivement, la colère nous rend revendicateurs, aigris mais le plus souvent impuissants. Reconnaître la réalité de l'humain au travail c'est surtout prendre une nouvelle stratégie pour changer les choses : ne plus attendre passivement que les choses changent *parce qu'elles ne devraient pas être comme elles sont* mais s'inscrire, hors de l'émotionnel, dans une stratégie d'efficacité : *cette réalité ne me convient pas, que faire pour ne plus en pâtir ?*

Quelques lois irrationnelles au travail

• *Les réunions de travail* : Tous les humains doivent coopérer pour un objectif commun…
En réalité, c'est l'endroit propice aux affrontements de personnalités diverses, véritable théâtre de toutes les représentations, les façons d'être, les aigreurs, les rancœurs…

• *Le travail en équipe* : Tous les humains doivent être bons, empathiques, sympathiques…
En réalité : la façon de collaborer, d'aider, d'informer, de remplir une mission se fera selon tel ou tel tempérament ce qui stimule parfois d'inévitables réajustements, voire des conflits.

• *Les imprévus* : Tous les humains doivent planifier, prévenir, ne pas attendre au dernier moment…
En réalité : le lieu de travail est pourtant bien le contexte susceptible de générer le plus d'aléas !

• *L'efficacité au travail* : Tous les humains doivent donner leur maximum et s'organiser pour être les plus performants possible…
En réalité : l'humain au travail est faillible avec ses lenteurs, ses incompréhensions, ses refus, ses désirs, ses blocages…

• *Les attitudes* : Tous les humains devraient savoir se remettre en cause au travail…
En réalité : il est bien difficile de laisser « sa » personnalité au vestiaire, de devenir un forçat du boulot quand on est adepte du farniente, d'écouter ou de comprendre les autres quand son narcissisme déborde…

En fait, la réalité au travail devrait être comme j'ai envie qu'elle soit !

CHAPITRE 6

Famille, je te hais !

La famille, espace « rêvé » pour s'exprimer ?

Plus d'un couple sur deux se sépare. Le divorce est souvent la bonne solution pour éviter certains drames familiaux, mais parfois je ne vois pas de réelle impossibilité de vivre ensemble pour des couples qui font ce choix. Pourquoi ce qui pourrait être un havre de paix se transforme-t-il en un champ de bataille et de conflits incessants ? Je constate le plus souvent la dégradation des relations à la suite d'une mauvaise communication : non seulement les attentes de chacun n'ont pas été exprimées, mais lorsqu'elles se révèlent, elles apparaissent disproportionnées, voire incongrues. La sexualité, la vie en couple, la parentalité, la vie de famille, sont autant de puissants stimulateurs de demandes, d'exigences et donc de colères…

➤ *Petites colères à prendre au sérieux*

En famille, les déclencheurs de la colère sont les mêmes que dans les chapitres précédents : nous ne cessons de nous imposer des « absolus de pensée », des pensées irrationnelles au sujet de ce que doivent faire les autres, conjoint ou enfant, ou de ce que nous-même devons faire ou être pour être un bon conjoint ou un bon parent. Beaucoup pensent que la famille est l'endroit idéal où tout peut s'exprimer, finie, la censure du lieu de travail, la colère peut enfin exister, surtout auprès de ceux que l'on aime. Une fois de plus je n'évoquerai que les colères les plus courantes et non les violences conjugales ou les sévices que peuvent infliger certains parents à leurs enfants. En revanche, n'oublions pas que ces colères peuvent s'amplifier avec le temps et, pour certaines personnalités, devenir de véritables passages à l'acte violents. Même s'il n'existe aucune loi démontrant qu'il y a forcément escalade des comportements (« Qui est colérique en famille deviendra un assassin… »), rappelons que le risque d'être frappé ou tué est le plus grand en famille[1] et qu'un conflit conjugal est le facteur qui, dans près de 50 % des cas, provoque la première admission dans un hôpital psychiatrique aux États-Unis[2].

➤ *Les conflits dans le couple ont-ils du bon ?*

Le conflit serait preuve de la bonne santé du couple, chacun pouvant s'exprimer ainsi librement. Les « Nous, on se dit tout ! » et autres « On n'évite pas les conflits ! » partent d'un bon principe, mais cela devient bien souvent une sorte de « Je dis tout sans aucune censure ». Ce manque de réserve aboutit parfois non pas à l'utile expression de soi mais à la volonté d'annuler l'autre.

En Mai 68, oui, il fallait libérer les esprits, les corps, les émotions. Mais est-ce toujours d'actualité ? Aujourd'hui, personne ne veut plus réprimer ses émotions, du fait de cette croyance tenace que tout ressenti refoulé ne fait qu'exacerber les tensions pour stimuler de plus grandes violences. Sommes-nous vraiment à la même époque, notre « ressenti » est-il si malmené ? J'ai plus l'impression d'un manque de censure émotionnelle que d'une inhibition quand j'entends certaines paroles et vois certains comportements offensifs en famille. Mais le mythe de l'émotion refoulée a la vie dure et beaucoup affirment que la colère ne nuit pas à la relation « affective »... Pas si sûr !

La part de la sexualité

Égalité des sexes oblige, les problèmes liés à la sexualité touchent les femmes comme les hommes. Beaucoup me font part de leurs attentes insatisfaites. Voici quelques irrationalités ou demandes irrationnelles d'hommes et de femmes sur ce que leur conjoint *devrait* faire pour être un(e) amant(e) parfait(e) :

« Après ces années de mariage, elle devrait rester séductrice, me solliciter plus souvent, porter des sous-vêtements affriolants... », « elle devrait comprendre qu'il faut qu'elle soit plus ma femme que la mère de mes enfants... », « elle doit alimenter le désir du couple si elle ne veut pas que j'aille ailleurs... », « quand on aime, on a toujours du désir... ».

« S'il était comme au début, s'il était plus câlin, plus romantique, il devrait se rendre compte que ma sexualité a changé après la naissance des enfants... », « il devrait comprendre qu'il ne fait plus d'efforts, que le désir ne se commande pas d'un coup de baguette magique ! », « il serait plus autoritaire avec les enfants, plus... viril... », « c'est un vrai papa poule, comment voulez-vous que... ? ».

➤ *Comment en parler ?*

Il est sans doute plus facile d'exiger que l'autre fasse ce que l'on veut que de communiquer sur les attentes sexuelles différentes ou sur la baisse du désir de certains couples pour envisager « ensemble » de nouvelles stratégies érotiques.

« Et puis vous comprenez..., me dit cette autre patiente, il devrait comprendre, après toutes ces années qu'il y a des choses que j'aime et d'autres non... » Cette fameuse exigence féminine du « il devrait savoir ce que je ressens » alors que « lui » ne cesse de répéter : « Elle n'a qu'à me dire ce qu'elle veut ! » Cette incompatibilité de communication qui est souvent à l'origine de bien des batailles de couple. Je renverrai tout simplement le lecteur au best-seller de Gray[3]. De nouveau, il est utile d'apprendre, homme comme femme, qu'il n'existe aucune logique en sexualité et que les « il devrait se rendre compte s'il m'aime » et autres « elle doit savoir ce que les hommes veulent sexuellement » sont des plus incongrus. La sexualité se parle, exige des efforts de chacun, des compromis et non des injonctions inconscientes sur comment *l'autre doit se comporter.*

➤ *Quand monsieur a la migraine*

Époque oblige, la « frustration sexuelle » en couple ne semble plus être l'apanage des hommes ! Certaines femmes sont tout aussi désorientées devant un mari peu sexué. La société puritaine s'est chargée d'ancrer de sérieuses croyances telles que *les hommes sont sexuellement très demandeurs, les femmes ne sont pas aussi sexuées.* Ces croyances absurdes ont toujours pour corollaire des absolus de pensée du type : *un homme doit toujours désirer sa femme, etc.*

Dans son ouvrage *Monsieur a la migraine*, Janet Wolfe évoque un certain nombre d'attentes de femmes qui ne tiennent pas compte de la réalité de leur mari mais tentent de leur imposer *ce qu'ils devraient normalement faire*. La plus grande irrationalité est sans aucun doute cette croyance qu'*un homme est (biologiquement) très sexué*... mais qu'en est-il des hommes avec de faibles besoins sexuels ? Contrairement à ce que l'on croit il n'y a pas d'un côté les mâles « hypersexuels » et de l'autre les femmes « frigides » mais une répartition, une « distribution normale réduite » comme le disent les statisticiens : avec des hommes et des femmes sexués ou hypersexués d'un côté, des hommes et des femmes faiblement sexués ou hyposexués de l'autre et une majorité, au milieu, « moyennement sexuée ». La libido, répétons-le, n'a rien à voir avec le genre. D'où les marasmes conjugaux quand un homme ou une femme hypersexués convolent avec un partenaire qui l'est peu... et quand c'est le « mâle » qui est peu demandeur, combien de femmes vont accepter de solliciter, de provoquer la relation, d'être le leader de la sexualité du couple ?

➤ *La sexualité est-elle vraiment le ciment du couple ?*

La sexualité est importante pour le couple. Mais il est souhaitable de disputer cette autre croyance que le mariage ne peut survivre à l'absence de sexualité. J'ai vu des séparations parce que le désir mourait alors que les conjoints avaient créé beaucoup de choses ensemble. Il est sans doute préférable qu'un couple ait une vie sexuelle, mais dire que la sexualité est le ciment du couple... encore une version très « psy » des dernières décennies ! Il ne semble pas exister de loi générale : certains couples ne vivent que pour la sexualité, d'autres s'arrangent avec d'autres créations ou centres d'intérêt sans pour autant manifester de quelconques névroses. Certains font des compromis si le sexe manque à l'un des partenaires. Bref tout peut être dit et fait, point de règle générale et absolutiste en la matière.

L'absence de sexualité épanouie dans un couple n'est donc pas nécessairement la cause des conflits, des rognes incessantes… Là encore, je ne donnerai pas de conclusion générale : j'ai rencontré des couples ayant une vie érotique très satisfaisante mais d'incessantes querelles et d'autres avec une sexualité appauvrie par le temps qui jouissaient d'un grand bonheur dans leur vie commune…

L'influence du passé

➤ *À chacun « sa » famille !*

Quand un homme et une femme décident de vivre ensemble, ils sont porteurs de scénarios de vie liés à leur famille d'origine, à ce qu'ils ont eux-mêmes vécu lorsqu'ils étaient enfants. Bon nombre de conflits conjugaux peuvent trouver leur source dans ces « schémas infantiles précoces » ou « schémas cognitifs familiaux ». Les façons de voir, de vivre, de penser la famille exigent le plus souvent de reproduire ou non ce que l'on a vécu et cela se traduira par des demandes, des attentes et des exigences auxquelles le conjoint et même les enfants devront répondre.

Cependant, il est bien question de ne pas revivre les errements passés. Si lorsque jeune enfant j'ai été victime de la non-communication parentale, il y a fort à parier que je vais exiger beaucoup d'échanges dans la famille que je viens de créer. Mais si mon partenaire, lui, a été saturé de « relationnel », ou s'il est tout simplement introverti, il peut quêter le silence pour son bien-être. Une fois de plus, les situations de famille, comme celles du lieu de travail, vont être pensées en fonction de « notre » réalité et non de « la » réalité et, avec le temps, ces automatismes de pensée peuvent devenir purement et simplement irrationnels. La première embûche est que nous pouvons avoir beaucoup de difficultés à accepter notre passé familial, nous risquons alors constamment de tenter de combler certaines carences.

➤ *« Je n'aurais jamais dû vivre ça »*

Certains dépriment toute leur vie quand ils évoquent leur passé, leur petite enfance ; d'autres réalimentent leur colère à propos de ce qui s'est passé. Julien, trente-cinq ans, consulte pour « être plus affirmé au travail. » Lors du premier entretien, j'entends qu'il vient de faire un long « travail sur lui » (psychothérapie d'orientation analytique), que tout va pour le mieux, qu'il a compris beaucoup de choses et qu'il souhaite désormais passer à autre chose : les approches cognitives devraient lui donner quelques outils pour mieux gérer son quotidien professionnel. Je suis habitué à ce genre de demande : la plupart des patients estiment que nous ne leur proposons pas un travail en profondeur, mais que nous disposons de quelques gadgets comportementaux pour résoudre des difficultés passagères.

LE THÉRAPEUTE (au cours de l'entretien) : « Vous avez donc bien progressé… votre passé ne semble plus peser… »

JULIEN : « … plus peser ? J'ai aussi compris que sans cette mère surprotectrice, bouffante, je n'en serais pas là aujourd'hui ! »

LE THÉRAPEUTE : « C'est-à-dire ? »

JULIEN : « C'est pour ça que je n'arrive pas à m'affirmer, j'ai découvert qu'elle m'avait toujours couvé, qu'elle ne m'a jamais considéré comme un être à part entière, j'étais sa petite chose, elle décidait de tout pour moi, je n'existais pas… pas illogique que je n'arrive pas à affronter mon patron pour une simple augmentation de salaire ! »

LE THÉRAPEUTE : « Vous semblez être encore bien en colère contre elle ! »

JULIEN : « Ah ! ça oui, d'ailleurs je lui fais souvent la remarque dès que je la vois… qu'elle me traite en adulte ! Pendant mon travail sur moi, nous avons réajusté avec ma mère… nous avons eu une petite coupure de plusieurs mois… il fallait que je lui dise toute ma rancœur, tout ce que j'avais accumulé avec ces années ! » (Souvenons-nous du mythe, « La colère doit sortir » !)

LE THÉRAPEUTE : « Et ce conflit vous a aidé ? »

JULIEN : « C'est encore chaud… »

LE THÉRAPEUTE : « Parce que ?… »

JULIEN : « Elle devrait comprendre que je ne suis plus un gamin ! »

Plus tard, dans l'entretien, alors que je cherche à savoir comment réagit Julien dans les différents compartiments de sa vie, je découvre que non seulement les colères contre sa mère étaient récurrentes, mais qu'elles étaient manifestes au travail et que sa compagne subissait, elle aussi, pas mal de crises colériques…

➤ *« Ce que j'ai vécu dans ma petite enfance est déterminant pour mon avenir ! »*

LE THÉRAPEUTE : « En colère contre votre femme, quand… »

JULIEN : « Quand elle joue à la maman avec moi, à tout le temps me reprocher de faire ceci, de ne pas faire cela, à me prendre pour un petit gamin… quand elle joue à être ma mère… c'est insupportable… je pourrais la quitter sur-le-champ ! »

LE THÉRAPEUTE : « Qu'est-ce qui est si insupportable ? »

JULIEN : « Qu'elle n'ait toujours pas compris depuis cinq ans que nous vivons ensemble… que ma mère me traitait comme un môme, elle devrait savoir qu'il faut me laisser une certaine liberté pour vivre… que je suis un individu à part entière ! »

LE THÉRAPEUTE : « Sans doute, Julien, et vous découvrirez au fur et à mesure des entretiens vos irrationalités dont celles que je viens de rapporter : Votre mère n'aurait jamais dû être possessive, castratrice, quand vous étiez enfant et ne devrait surtout plus l'être aujourd'hui et, au final, votre compagne ne devrait pas lui ressembler ! »

Quand nous retravaillerons sur son passé, Julien prendra conscience que sa relation avec sa mère était sans doute certes dysfonctionnante, mais que son interprétation actuelle est toujours connotée *a priori* d'un « le passé est déterminant pour le présent… » hypothèse de la psychologie classique pas toujours fondée. Souvenons-nous des personnes résilientes, victimes de traumas passés et qui n'ont pas de séquelles psychologiques, encore moins d'obscurs refoulements et vont plutôt bien dans leur vie de tous les jours.

Quant au changement voulu pour la « mère actuelle », Julien le verra plus tard, il est rarement possible de changer une mère quelque peu abusive, le temps ne fait rien à l'affaire et pour une maman un enfant reste le plus souvent un enfant… Quant à sa conjointe, il sera recommandé à Julien d'accepter qu'une femme enseignante a souvent le réflexe d'observer, de critiquer, de conseiller, surtout quand son mari n'est pas forcément très autonome dans la logistique de la maison, et se comporte de façon plutôt « immature » ; mais cette acceptation-là sera plus difficile !

Certaines hypothèses « psy » peuvent-elles provoquer nos colères ?

La « haine du passé » peut parfois être renforcée inutilement par quelques croyances « psy » banalisées, la plus reconnue étant : « Ce que j'ai vécu dans ma petite enfance est déterminant pour mon avenir ! »

Le psychanalyste John Bowlby[4] avec sa théorie de l'attachement et Jeffrey Young[5], psychologue cognitiviste, ont tous deux insisté sur le lien premier à la mère, sur les premières relations objectales. Les relations de la mère au nouveau-né, les premiers attachements, créent les futures névroses adultes (Bowlby, Spitz) ou les futurs schémas cognitifs, les futurs scénarios de vie qui répondent aux anciennes carences (Young) : avec tel vécu infantile, tel adulte ne peut que « rejouer » ses manques avec l'environnement et en particulier avec ses proches, sa nouvelle famille. Si je suis un enfant qui a vécu une relation particulièrement « insécure » avec une mère désinvolte, instable et peu présente à la maison, il y aura de grandes chances que je développe de futurs comportements « insécures » : ainsi je vais tout faire pour avoir une relation conjugale sécurisante et n'accepterai pas certains dysfonctionnements de mon conjoint. Si ce dernier ne me prévient pas d'une absence, je risque fort de revivre cet abandon premier de la petite enfance et, par voie de conséquence, je vais rentrer dans une colère justifiée au retour du coupable : On ne doit pas m'abandonner ! il faut me prévenir de toute absence !…

➤ *De la réalité du « passé » à « ma » réalité*

Les faits, les carences que l'on peut avoir vécus dans la petite enfance sont bien réels. Il est facile de se remémorer des souvenirs pénibles liés à cette époque où l'on subit plus que l'on ne décide. Mais s'il est vrai que telle ou telle personne a été carencée, elle risque d'ajouter au « trauma initial » une « logique de fonctionnement » : Voilà comment les autres doivent se comporter. Le problème est là : pourquoi, parce que l'on a subi tel déficit affectif, doit-on imposer toute une logique de fonctionnement à nos proches ? Pourquoi voulons-nous redéfinir ce que « doit être la réalité familiale » au regard de nos maux passés ?

La plupart du temps, ces exigences nouvelles liées au passé vont se traduire en « pensées irrationnelles » avec leur cortège de « ça doit », « ça devrait », « il faudrait » pour notre partenaire : la première irrationalité est cette construction personnelle du père ou de la mère idéals. Cette représentation risque désormais d'induire de nombreuses attentes et demandes concernant notre conjoint.

Parents et conjoints : accepter la différence

➤ *Un père idéal*

Mon Père n'aurait jamais dû être si distant (car il est évident qu'un bon père *se doit* d'être présent et grand communicateur, ce serait bien, mais il n'existe pas de loi allant dans ce sens et un père a le droit d'être lui-même, y compris bloqué émotionnellement, ou tout simplement introverti). Cela m'a beaucoup touché dans mon enfance ou mon adolescence, alors désormais tous ceux qui disent m'aimer *se doivent* d'être constamment proches du mode de communication que j'attends d'eux ! Est-il bien utile de vouloir transformer ce passé, de sans cesse se rappeler qu'il n'a pas été ce qu'il *aurait dû être ?*

Que l'on me pardonne ces clichés mais ne peut-on accepter qu'un père militaire soit quelque peu rigide, un père fonctionnaire plutôt conventionnel, un artiste peu commercial, un cérébral peu bricoleur, un pragmatique peu intellectuel, un sportif peu contemplatif, un autoritaire peu démocratique, etc. ? Et exiger que les autres membres de la famille comblent désormais mes attentes devient irrationnel quand, une fois de plus, nous ne tenons plus compte de leur réalité, de leur tempérament, de leur propre vécu, de leurs centres d'intérêt… Pourquoi un enfant rêveur *devrait*-il être constamment attentif et communiquer avec un parent au vécu « carencé » ? Pourquoi un époux (ou une épouse) au profil plutôt égocentrique *doit*-il devenir le psy de son conjoint ?

➤ *Une mère idéale*

Ma Mère aurait dû être aimante, chaleureuse, caressante, attentive, empathique.

Oui, c'est indéniablement mieux, même si, là encore, aucune loi humaine ne vient déranger la loterie de la naissance : on a les parents qu'on peut ! De là à exiger qu'une maman dépressive soit attentionnée envers le tout-petit, qu'une autre dilettante n'oublie jamais tel soin ou telle stimulation, qu'une frivole favorise le bébé aux dépens de sa vie privée… Autant de désirs qui restent irréalistes.

➤ *Famille idéale et réalité*

Nous avons tous envie de ne pas reproduire certains dysfonctionnements familiaux, surtout si nous en avons vécu. Il est juste de vouloir combler certaines cicatrices du passé familial en espérant, voire en rêvant ce que sera « notre » famille. Mais, bien souvent, ces souhaits ne restent pas des « préférences » : « J'aimerais que mon conjoint soit… », mais deviennent des pensées absolutistes : « Mon conjoint ne doit pas être comme ceci ou cela… » Je peux avoir mon idéal de père ou de mère mais j'ai tout intérêt à chasser ces exigences de « ce qui aurait dû être... » ou de « ce qui doit être » un père ou une mère justes, aimants, sécurisants. Sous peine d'insatisfaction ou d'intolérance.

Si mon propre père était peu loquace, j'ai raison de vouloir que ma femme ou mon mari s'exprime et favorise la relation de couple. Mais refuser ce vécu d'un parent bloqué dans sa non-communication est stérile et risque de me réendoctriner (« cela n'aurait jamais dû se passer comme ça ») et de créer de nouvelles exigences irrationnelles pour le présent (« Mon conjoint ne doit pas se comporter comme l'ont fait mes parents », « Je me dois de faire telle ou telle chose pour être un bon parent »). Notre idéal est de ne pas reproduire un « passé parental » que nous n'avons pas aimé, certes, mais gardons-nous d'imposer nos souhaits légitimes pour en faire des revendications, des exigences, des attentes absolues qui ne tiennent plus compte du réel. L'enjeu n'est pas de régler les comptes de son passé dans le couple mais bien de construire la famille « rêvée », la plus proche possible de notre idéal.

➤ *Des souhaits, pas des « exigences »*

Il est absurde d'exiger, adultes, que nos proches répondent à nos demandes *déterminées par la petite enfance*. Pourquoi voulez-vous que tel époux handicapé affectivement (qui a du mal à exprimer son ressenti) soit un parfait télépathe quand sa femme souffre sans communiquer ? Pourquoi telle épouse *doit*-elle montrer une grande compassion quand le mari attend des réponses fermes ? Pourquoi telle autre *doit*-elle être câline à tout moment alors qu'elle subit le stress du travail et des enfants ? Pourquoi une femme qui a choisi de mener une carrière professionnelle et d'avoir des enfants *se doit*-elle de redevenir la maman idéale et maternante de retour au foyer ?

Il est tout à fait normal de demander à son conjoint de la communication, des égards, voire de la protection. S'il est approprié qu'un mari soit attentionné et protecteur, il s'avère irrationnel d'exiger qu'il le soit quel que soit son tempérament, quel que soit le contexte de la demande. C'est toute la différence entre un « j'aimerais qu'il(elle) soit » et « il(elle) doit se comporter ainsi ».

➤ *Ne plus confondre passé et présent*

Ces attentes, qu'elles soient générées ou non par nos expériences antérieures, sont irrationnelles dans leur actualité : elles ne tiennent pas compte de ce qui est, de la subjectivité de l'autre tout simplement. Alors au lieu de combler les *traumatismes affectifs anciens* par des demandes, attentes ou exigences irrationnelles, il est préférable d'y substituer la réalité : je ne peux refaire mon passé et il est illusoire de vouloir que « ma » famille le compense totalement. Je vais m'efforcer de créer une famille qui réponde à mes vœux, surtout si la mienne n'était pas formidable, mais je m'interdis d'exiger d'elle qu'elle soit « la » solution à ma « névrose infantile ».

Mais cela ne veut pas dire qu'il faut n'être qu'un spectateur passif de la vie de couple et tout accepter chez l'autre au simple motif que je ne dois pas confondre ma problématique familiale personnelle avec la réalité du conjoint. Bien sûr, nous avons le droit d'être exigeants, de reprocher certaines attitudes que nous n'aimons pas, d'exprimer ce qui ne va pas, ce que nous souhaitons au plus profond de nous-mêmes. Il s'agit alors d'une vraie communication : je dis ce que je pense, ce que je veux, ce que je ressens, même si mon conjoint peut en souffrir, mais je n'exige pas qu'il fasse ce que je veux, qu'il pense ce que je pense et qu'il ressente ce que je ressens. C'est toute la différence entre s'affirmer et la dictature des « il ou elle devrait faire, dire, etc. », de l'irrationnel au rationnel. Souhaiter est une chose mais exiger que toute une famille soit comme ceci ou cela est générateur de frustration majeure et donc de colère et de conflits.

Mais tout conflit familial ne tourne pas uniquement autour du « re-jeu » des premières relations objectales. Non, beaucoup de guerres familiales sont stimulées tout simplement parce que chacun a codifié, légiféré ses propres lois de fonctionnement sans jamais tenir compte du souhait des autres.

Quand la colère domine le couple

➤ *Home sweet home*

En général, le colérique retrouve son conjoint ou sa famille, comme beaucoup d'entre nous, après une journée de travail. En plus de ses attentes générales (ses schémas familiaux préconstruits), il a déjà vécu de nombreux conflits professionnels et probablement accumulé un stock de sentiments hostiles. De retour à la maison, tout incident risque de devenir prétexte à de nouvelles critiques, de nouveaux reproches et initier de nombreux conflits. Pour le tempérament colérique, la famille exacerbe toutes ses irrationalités : le monde, surtout le familial, doit tourner comme il le souhaite, ce qui ne fait qu'amplifier la colère interne. Je me souviens du témoignage de ce patient dont je qualifie le comportement de « syndrome du péage ». Nous voyons comment d'un simple souhait, pour le moins justifié, il va passer à une exigence de comportement chez son conjoint… d'un souhait rationnel à une demande irrationnelle :

LE PATIENT : « Vous connaissez mon travail, les consultations d'un médecin généraliste c'est pas le Club Méd... bref après une journée de travail, surtout un samedi, je n'aspire qu'à une chose : retrouver le cocon familial, loin de toutes les turpitudes des humains. »

LE THÉRAPEUTE : « Retrouver la paix... »

LE PATIENT : « Le calme et surtout un peu de compassion, moi qui ne fais que donner à longueur de journées... Ce samedi-là, je quitte le cabinet médical, je conduis pendant trois quarts d'heure, c'est le temps du trajet pour rentrer chez moi. J'arrive vers vingt heures trente et là qu'est-ce que je vois ?.... la table de la salle à manger sans couverts... le désert ! Personne pour m'accueillir... J'avais faim après cette journée au cabinet... Personne pour un petit bonjour... les enfants, cela passe encore mais ma femme... après toutes ces années, elle sait pertinemment que je rentre à cette heure-là, fatigué, affamé... Quand elle est enfin apparue, j'ai explosé. Je lui ai fait des reproches sur son manque d'attention et elle de m'assommer avec ses "tu crois que je ne fichais rien pendant ce temps-là", "tu veux une petite femme docile qui t'attend ?". La bagarre était commencée, cela n'a fait que s'amplifier, je me retenais de ne pas exploser plus, je sentais la violence monter en moi. J'ai argumenté sur son incapacité à être empathique, son égoïsme. Les enfants s'en sont mêlés, la dispute a tourné à la guerre familiale... »

LE THÉRAPEUTE : « Vous qui vouliez la paix ! »...

➤ *Attentes, colère et autodéfaitisme*

Il est bon de remarquer que ce patient obtient, avec sa colère, l'exact contraire de ce qu'il souhaitait au départ : voilà un désir de paix qui se transforme en querelle et tension. C'est ce que nous appelons l'*autodéfaitisme* : se laisser submerger par les émotions a pour résultat l'inverse de l'objectif initial – je veux de la communication (parce que l'autre doit communiquer) et j'obtiens du conflit ; je veux de la tendresse (parce que l'autre doit ressentir ce que je ressens) et je n'ai que du rejet ; je veux de l'attention (parce que l'autre doit être chaleureux) et je reçois ma volée de bois vert.

Concerné par sa propre attitude d'autodéfaitisme, mon patient commença à « disputer » ses attentes, ses exigences sur son retour à la maison. À force de parler de son épouse, nous sommes convenus qu'il était assez irrationnel qu'elle soit à l'accueil à telle ou telle heure du retour, lui-même reconnaissant qu'il n'arrivait pas toujours à heure fixe après ses consultations. De plus, après investigation, je comprenais que l'épouse en question n'avait pas trop la notion de temps, mon patient ajoutant d'ailleurs : « Elle est incapable de partir à une heure convenue quand nous allons quelque part, elle est toujours en retard sur tout et les rendez-vous à une heure précise sont impossibles. » Il est donc fort possible que sa femme n'ait pas d'horloge biologique dans la tête comme mon patient qui, lui, m'affirme : « La ponctualité, c'est la politesse des rois. Jamais un patient n'attend à mon cabinet, sauf cas de force majeure. La vie est réglée à la seconde près… »

➤ *Soyons réalistes !*

Monsieur semble donc avoir le « syndrome de l'horodateur » et son épouse celui du « il est quelle heure ? ». Vu sous cet angle, mon patient commence à percevoir l'absurdité de son exigence : « J'exige quelque chose qu'elle ne peut pas faire… »

LE THÉRAPEUTE : « Exactement… et dès lors vous confondez cette "incapacité" à gérer le temps avec un manque d'attention, de respect, voire un manque d'amour… car, selon vous, lorsqu'on respecte les gens on anticipe le temps. »

Il est possible que ce patient ait lui-même souffert d'attentes injustifiées quand il était petit, ou bien qu'il ait été victime de quelques « lapins » à ses premiers rendez-vous amoureux, qu'il ait véritablement vécu ce manque affectif lié au temps. Mais aujourd'hui ? Il s'endoctrine lui-même avec sa propre loi : « Quand on aime, on se doit d'être à l'heure et d'anticiper les horaires des autres... » Ce qui, je le répète, est tout à fait antinomique avec le fonctionnement de sa femme qui ne manifeste pas, par ailleurs, d'autres signes de « désamour ».

➤ *Communiquer… et non plus « exiger » !*

Après avoir accepté le dysfonctionnement de sa femme, ce patient décide d'avoir une attitude plus rationnelle à chaque retour du travail… « Je pense que je vais profiter du péage sur l'autoroute pour repenser à tout ça. Aucune loi n'exige que ma femme m'accueille comme je le souhaite. Elle peut être concentrée sur toute autre chose que mon retour. » Et finalement d'adopter une stratégie nouvelle : un petit appel téléphonique après le péage (situé à vingt minutes de son domicile) pourrait lui aussi favoriser un nouvel accueil : prévenir qu'il va arriver, demander si elle a besoin de quelque chose, lui parler… et non plus attendre !

Cette technique du péage fonctionnait bien. À chaque fois que mon patient me disait avoir de nouveau « perdu le contrôle en rentrant chez lui », il ajoutait : « Je n'ai pensé à rien au péage. J'étais fatigué. Ma femme devait m'accueillir comme je le voulais. C'était reparti… ! » Eh oui, ça repart, car le fameux scénario « quand on aime, on est empathique, on est “à l’heure” pour l’autre » restera bien vivace, inconsciemment, jusqu’à ce que la réalité lui « prouve » qu’il n’y a pas forcément un lien entre l’attention et l’amour (surtout si mon partenaire est « étourdi »), ce qui est à l’opposé de ses croyances premières.

Il a peut-être réellement été victime d’inattention ou vécu certaines étourderies parentales comme un rejet, un manque d’amour. Petit enfant ou simplement avant l’âge adulte, il n’avait pas « pensé » les événements différemment, tout submergé qu’il était par son émotionnel. Mais maintenant, peut-il simplement voir la réalité ? Chez un être humain, il n’y a pas forcément de lien entre l’inattention et le manque d’amour.

➤ *Le retour du guerrier*

Mais les exigences ne sont pas le seul fait de la gente masculine…

« J’en ai marre de ses reproches, pour lui, je n’en fais jamais assez, me confie Fabienne. Mais, lui, pas question de se remettre en cause, il a un boulot à grande responsabilité (il est cadre supérieur dans une entreprise) et moi, avec mon petit job d’employée de banque, je ne devrais que me taire… »

LE THÉRAPEUTE : « Et quand vous ne vous taisez pas ? »

FABIENNE : « C’est la bagarre… je lui reproche de ne rien faire à la maison, de ne pas s’occuper des enfants, de ne jamais faire de courses, bref toutes ses attitudes de pacha… »

LE THÉRAPEUTE : « Il reconnaît ses torts et promet d’aider aux tâches domestiques ? »

FABIENNE : « Non, au contraire, à chaque remarque, il m’enfonce un peu plus, me dit que la maison n’est pas bien tenue, que j’ai pourtant le temps. Alors je lui reproche d'être aussi macho que son père. Lui me dit que je suis le portrait craché de ma "bordélique" de mère. On se dispute plus fort. Rien ne changera… Je pars dans ma chambre. Il reviendra plus tard. Au mieux je boude un peu… puis on se réconcilie… »

LE THÉRAPEUTE : « Mais rien ne change ! »

FABIENNE : « Non, c'est reparti pour une autre semaine… »

➤ *La colère ne « communique » pas !*

J'explique à Fabienne que ses demandes ne passent pas parce qu'elle les communique sous l'effet de la colère. Elle ne dit pas à son conjoint ce qu'elle voudrait, n'évoque pas son sentiment d'être délaissée pour les tâches quotidiennes, n'exprime pas ses sentiments d'humiliation. Elle critique par contre son attitude. Elle le qualifie d'égocentrique, de flemmard, le compare au subtil époux casanier de sa meilleure amie, bref fait tout ce qu'il faut faire ! En fait, Fabienne répond à ses exigences irrationnelles : « Un bon époux, en ce début de XXIe siècle, se doit d'être aussi un homme de maison, il doit partager les tâches, il doit se préoccuper du ravitaillement, du ménage, il doit être un père attentif, présent… », et d'ajouter : « Je sais bien que j'exagère, je ne veux pas un époux idéal qui ferait tout bien mais tout de même il devrait se rendre compte que je suis toute seule pour la logistique de la maison… Tenez, hier, nous partons au restaurant, c'est plutôt sympa mais croyez-vous qu'il pense à l'écuelle du chien ? Non, il adore son chien mais pour la question de le nourrir ou de le brosser… »

Fabienne ne voit plus que ce que son mari aurait dû être, elle ne tient plus compte de son mari « réel » et attend… qu'il ne soit plus ce qu'il est.

Alors je tente de l'aider à « disputer » cette non-réalité.

➤ *Un bon conjoint doit…*

LE THÉRAPEUTE : « Votre mari devrait donc prendre conscience qu'il ne fait pas grand-chose pour la famille en dehors de son travail ? »

FABIENNE : « Oui ! Ce n'est quand même pas très compliqué pour un homme qui passe son temps à organiser, à consulter, à "auditer", comme il dit… »

Nous décidons de parler de son mari : sa façon de fonctionner au quotidien, son tempérament, son histoire. Fabienne me dit qu'il a été mal élevé. Ses parents étaient très permissifs, non à cause de l'idée ancienne des « hommes ne font rien à la maison » des générations précédentes, mais d'une nouvelle philosophie : Moi, enfant roi je ne fais que ce que je veux et du moment que j'ai de bons résultats scolaires, ne me demandez rien. Au moins cet homme n'avait pas tous les symptômes de l'enfant roi puisqu'il avait suivi de bonnes études. Mais côté tâches ménagères, le néant, un petit prince. Ce serait désormais son surnom pour aider Fabienne à quitter ses exigences et pour mieux exprimer ses demandes.

➤ *Du Pacha au Petit Prince*

FABIENNE : « Petit Prince, cela me fait penser au livre… »

LE THÉRAPEUTE : « Oui, mais sachez que Saint-Exupéry, malgré tout son talent, avait des attitudes d'enfant gâté en particulier avec sa femme… » Derrière le poète, une personnalité plutôt égocentrique[6]. Nous garderons donc le surnom de Petit Prince pour devenir plus rationnel dans les conflits conjugaux de Fabienne. Elle fut d'accord qu'un Prince n'a pas reçu l'éducation d'un roturier et que pour son

Petit Prince elle devait changer de stratégie. Ce serait à elle de faire des efforts et d'être patiente pour ce qui allait s'avérer une véritable rééducation. *A contrario* de ce qu'elle faisait jusqu'alors (« Il doit faire ceci ou cela, il devrait comprendre, se mettre à ma place, etc. »). Fabienne se répétait des pensées plus réalistes : « Pour mon Petit Prince, exiger cela spontanément est une gageure, ce serait mieux s'il faisait les choses pour aider instantanément mais c'est son handicap. Je vais le lui rappeler, lui lancer des petits défis, le gratifier s'il progresse, le prendre comme un… enfant ! »

➤ *Remplacer les exigences par de simples demandes*

Fabienne dit : « Mais je ne vais par le considérer comme un enfant ! Il doit se comporter en adulte ! »

La colère revient au galop, Fabienne vient de se réendoctriner : « Un homme ne doit pas être immature ! » Je suis d'accord, Fabienne, cela vaut mieux de vivre avec quelqu'un de mature, mais si, dans sa « zone rouge » (ou « zone d'immaturité »), il a besoin de « rééducation » ou tout du moins d'accompagnement, que vaut-il mieux faire ? Attendre que l'unijambiste de mari courre ou l'aider à marcher ? Car le mari de Fabienne est un handicapé des tâches ménagères, aucune loi de fonctionnement familial ne peut le changer. Seule une nouvelle attitude de Fabienne peut l'amener progressivement à prendre conscience du problème pour faire et partager plus. L'attente, l'exigence, sont stériles car pleines d'hostilité, là où une simple demande « non émotionnelle » peut faire bouger les choses. Reconnaître la « jambe de bois » de l'autre, c'est l'accepter. Le critiquer pour cette même « jambe de bois », c'est attaquer son estime de soi. Agressé, l'humain se retranche dans des comportements d'évitement ou d'agressivité. Reconnu et accepté dans ses faiblesses, il peut se mobiliser pour se corriger, l'enjeu étant de progresser sur tel ou tel comportement là où l'attaque « globale » le détruit tant il se sent touché dans son intégrité.

➤ *Accepter « ce qui est » pour demander que cela change*

Fabienne saura être patiente, sera beaucoup plus affirmée, sans être colérique, et verra son époux changer peu à peu. Elle découvrira aussi que lorsque la colère revient, c'est que de nouveau sa critique du « Pacha » l'emporte sur son acceptation du « Petit Prince ». Point de stoïcisme dans tout cela, elle ne peut pas évoquer la Providence pour la répartition des tâches ménagères entre hommes et femmes ! Mais puisque les mâles français semblent avoir des décennies de retard sur certains de leurs homologues anglo-saxons, l'accepter, c'est convenir qu'il va falloir agir pour changer les choses. Quid de la parité ? Quid de certaines cultures où ce droit d'expression n'est toujours pas reconnu ? De nombreux changements n'interviennent pas sur des critiques colériques, mais sur certaines acceptations ou constats : puisque c'est ainsi, que faire pour que cela change ? L'acceptation du réel est la meilleure façon d'envisager de futurs changements dans une « équilibration majorante », pour dépasser ce qui n'évolue plus. Dans le cas contraire, les partenaires d'un couple vont vite retomber dans des exigences irrationnelles qu'ils vont se répéter sans cesse mais qui seront toujours aussi inefficaces pour obtenir un quelconque changement chez l'autre.

➤ *Test : Avez-vous des attentes irréalistes ?*

Prisonnier de pensées irrationnelles, de ces « il faut », « il(elle) doit », « je dois », de ces « should » et « must », de la fameuse formule d'Albert Ellis, la « Musturbation[7] », le risque est désormais d'interpréter chaque scène du quotidien familial avec cette grille de lecture : voilà comment l'autre doit se comporter avec moi et comment je dois agir. Que ce soit pour prendre le contre-pied d'un passé familial douloureux ou qu'il s'agisse, c'est le plus fréquent, de demandes issues non seulement de notre vécu infantile mais de toutes nos expériences, de nos rencontres, de notre tempérament biologique, de nos apprentissages socioculturels, nos souhaits deviennent bien vite des lois, même si elles sont le plus souvent subconscientes. Citons quelques classiques *du « code familial » :*

• *Mon mari devrait être...* solide, autoritaire, affirmé, mais aussi compréhensif, tendre, empathique… travailleur, bricoleur, actif, mais aussi communicateur, psychologue, créatif… aventurier, séducteur, animateur, mais aussi fiable, casanier, protecteur, etc. *Il doit être parfait !*

• *Ma femme devrait être...* maternelle avec ses enfants, douce, attentive, mais aussi amante, séductrice… autonome, à l'initiative de projets, curieuse, mais aussi fidèle et admirative de son mari… sportive, créatrice, mais aussi fée du logis, heureuse « à la maison », etc. *Elle doit être parfaite !*

Janet Wolfe, psychologue américaine de l'Institut A. Ellis de New York souligne bien ces exigences de couple lorsqu'elle liste un certain nombre de « qualités » incontournables attendues chez l'homme ou la femme.

Dans la liste ci-dessous, elle décline un certain nombre de qualités attendues « chez l'autre », le conjoint ou l'ami.

Si ces attentes correspondent à vos souhaits, cochez une croix dans la case « elle ou lui ».

Qu'attendez-vous chez l'autre ?

La personne idéale doit faire preuve…

Lui, Elle

❒ ❒ … d'équilibre émotionnel.
❒ ❒ … d'intelligence.
❒ ❒ … de compatibilité avec mes systèmes de valeur.
❒ ❒ … de gentillesse, de bonté.
❒ ❒ … de sensibilité.
❒ ❒ … de capacité d'empathie.
❒ ❒ … d'un sens des responsabilités.
❒ ❒ … d'aptitude au soutien moral.
❒ ❒ … de loyauté.
❒ ❒ … d'aptitude à être heureux(se) seul(e).
❒ ❒ … de chaleur humaine, de richesse affective.
❒ ❒ … de sens pratique (aptitude à résoudre les problèmes).
❒ ❒ … de talents sexuels.
❒ ❒ … de capacité à partager les tâches ménagères.
❒ ❒ … de convivialité.
❒ ❒ … de compatibilité des intérêts pour choisir telle activité…
❒ ❒ … de compatibilité des choix de vie pour faire des projets à long terme…
❒ ❒ … de sobriété (alcool et autres drogues).
❒ ❒ … d'aptitude à vous aimer et à vous estimer.
❒ ❒ … de sécurité financière.

❐ ❐ … de conscience de l'égalité des sexes et de leurs droits.

❐ ❐ … d'indulgence (pour les défauts d'autrui et les imperfections du monde).

❐ ❐ … de souplesse, d'ouverture d'esprit.

❐ ❐ … de capacité à tirer le meilleur parti de son apparence.

Les attentes des hommes et des femmes selon J. Wolfe[8]

Si vous avez mis une croix pour beaucoup d'affirmations, vous pouvez ainsi évaluer ce que vous attendez « idéalement » de votre conjoint. Il n'est pas absurde d'avoir de telles attentes, nous voulons tous que notre conjoint s'en approche le plus possible. Mais ce qui peut être qualifié d'irrationnel, d'irréaliste, c'est d'exiger qu'un dépensier soit économe, qu'un introverti aime communiquer, etc. Il est donc utile de reprendre toutes les attentes que nous avons repérées dans cette liste mais de mettre en face la réalité de notre conjoint : il (elle) est comme ceci ou comme cela… comment puis-je arriver à réaliser mon souhait ? Ainsi j'aime avoir un conjoint qui fait attention à son look (« De la capacité à tirer le meilleur parti de son apparence » dans la liste) mais le mien se moque de l'apparence, comment faire pour qu'il s'améliore ? Et non voilà ce qu'il devrait faire. Et si, au total, l'écart est énorme entre vos attentes et la réalité du conjoint, rien ne vous dispense d'en changer ! Mais décider une rupture sans tenter des changements est souvent une solution plus facile… et qui répond à une autre injonction : « On ne doit tout de même pas se prendre la tête pour changer les choses dans un couple ! »

A contrario, faire de nos souhaits des incontournables, sans vouloir interagir avec notre conjoint, risque de nous faire retomber dans un « ce serait parfait si "l'autre" possédait toutes ces qualités… » Et puisque « les autres » sont « les autres » et ne sauraient ni être télépathes, ni répondre immédiatement à nos lois familiales, conjugales ou amicales, les colères vont bien vite surgir ou réapparaître.

Ces « irrationalités » qui peuvent envahir notre couple vont aussi déclencher des conflits si nous avons des enfants : là encore, avons-nous des attentes réalistes à leur égard ou répondons-nous à des exigences peu rationnelles ?

Les enfants

L'une des principales causes de dysfonctionnements et de colères dans le couple et dans la famille est bien sûr le comportement des enfants et la façon de les éduquer.

➤ *Des attentes élevées*

Mes enfants devraient être… autonomes, matures, mais aussi demandeurs, câlins… à l'aise avec les autres, mais aussi rêveurs, artistes… sages, obéissants, bons élèves, mais aussi affirmés, indépendants… serviables, courageux, altruistes, mais aussi sûrs d'eux-mêmes, égoïstes quand il le faut… ils *devraient* être parfaits.

Avoir un enfant, ce n'est au départ que du bonheur pour de nombreux couples. Mais ce qui devait être simple se révèle, pour certains, le véritable creuset des joutes conjugales. Beaucoup bataillent sans cesse à cause de leur progéniture. Les philosophies éducatives de chacun sont le plus souvent aux antipodes l'une de l'autre et il faudra beaucoup communiquer pour trouver un compromis harmonieux. *A contrario*, exiger des « contrats éducatifs » sans tenir compte du conjoint ou de l'enfant lui-même ne peut qu'aboutir à des conflits. Il sera donc souhaitable, une fois de plus, d'exprimer certains ressentis (tel père abhorre l'autorité parce que ayant été abusé, telle mère ne peut être conflictuelle par crainte du désamour de son enfant). Les croyances de chacun, en matière d'éducation, sont souvent la synthèse, non seulement, de certains vécus précoces mais aussi et surtout de l'accumulation de nombreux événements de la vie : l'enfance ne s'arrête pas à la petite enfance et beaucoup d'entre nous ont vécu des contextes douloureux plus âgés, à l'école primaire, au lycée, voire au moment des études supérieures.

Il est impossible de passer en revue tous les déclencheurs de colère parentale de la part de nos petits chéris. Je me permettrai de proposer aux parents de se reporter à mes précédents ouvrages s'ils veulent en savoir plus sur la colère en éducation[9]. Mais je me souviens de ces deux parents, Luc et Martine, et de leur fils Charles, 14 ans, et de cette première rencontre houleuse avec les reproches qui fusaient sous l'emprise de la colère. Je retranscris ici l'entretien et y annote entre parenthèses « la » réalité de chacun des protagonistes. Luc est un père plutôt débonnaire, assez permissif, surtout très peu conflictuel, « tout s'arrange toujours… », Martine est quelqu'un de très exigeant, de très affirmé avec des principes éducatifs bien arrêtés. Charles est un élève médiocre de troisième, peu autonome, immature. Après les premiers échanges, je demande à Charles de retourner dans la salle d'attente, je dois parler avec ses parents…

MARTINE : « Mais Luc, tu devrais te rendre compte que tu dois intervenir très vite avec Charles… l'autre soir, les invités arrivent et tu acceptes qu'il reste dans sa chambre, qu'il ne dise même pas bonjour… » (Luc, le mari, qui a peur de l'autorité doit intervenir au moindre passage à l'acte de Charles : « Tu n'aimes pas l'eau ? Plonge ! »)

LUC : « Toi aussi, tu pouvais monter dans la chambre, tu sais que j'ai horreur des conflits ! » (Dans la logique de Luc, Martine doit le remplacer puisqu'il n'aime pas assumer son autorité de père).

MARTINE : « Vous voyez, c'est toujours pareil… c'est à moi de faire l'autorité à la maison, ce n'est pas le rôle de mon mari ! » (Sous-entendu, un père doit assumer son rôle et elle, pour qui le conflit n'est pas un poids, ne doit pas jouer ce rôle !)

LUC : « De toute façon c'est un faux débat, Charles a 14 ans, il ne devrait plus se comporter en gamin ! » (Parce que, selon les lois de l'autonomisation, un enfant se régule naturellement, la maturité s'acquiert avec l'âge !)

MARTINE : « Mais c'est un ado, si tu l'ennuyais moins avec ses copains, il ne nous enverrait pas balader comme ça ! » (Un enfant de 14 ans qui s'oppose de cette façon traverse forcément la fameuse crise d'adolescence… il est donc du devoir des parents d'accepter n'importe quelles fréquentations, de ne plus toucher au lieu sacré qu'est sa chambre, de ne pas imposer quelque affinité parentale que ce soit en musique, voyage, ou loisir en général ! *dixit* notre culture « psy ado » traditionnelle)

LUC : « Ce n'est pas en lui criant dessus que ça arrange les affaires… à son âge je détestais ce genre d'attitude facho… » (De nouveau cette bonne vieille croyance que l'adolescent se doit de rejeter l'autorité pour devenir un être à part entière…)

MARTINE : « Je sais pertinemment qu'il traverse une période de souffrance, je suis aussi instruite que toi ! » (Le mythe doltoïen de la fragilité de l'adolescent qui, si l'autorité parentale est trop ferme, risque l'école buissonnière, la délinquance, la toxicomanie ou le suicide[10]…)

Bien sûr, la discussion s'enflamme dès qu'il s'agit d'évaluer les exigences éducatives des deux protagonistes. Pour l'un, il faut lier l'argent de poche aux résultats scolaires, pour l'autre, c'est du chantage… Pour l'un, il est inutile de suivre la scolarité au jour le jour avec un enfant, il doit apprendre à s'autonomiser, pour l'autre, le parent doit être vigilant sur tout… Pour l'un, la tenue vestimentaire est son affaire, surtout à cet âge, pour l'autre il faut intervenir à tous les niveaux… Pour l'un, pas question qu'il invite sa petite copine à la maison, pour l'autre, c'est de son âge, c'est plutôt sympa… Pour l'un, il doit rester dans une activité de loisir toute l'année, pour l'autre, c'est de son âge de papillonner dans les loisirs, etc.

Et même si, dans ce cas, Martine, « celle qui exige », a plutôt raison de vouloir tenir Charles avec des contrats éducatifs serrés, (les exigences éducatives dites « frustrantes » construisent l'enfant et l'aident à accepter les contraintes de la réalité) cela n'aboutira pas tant que Luc, opposé à cette « rigidité parentale », n'aura pas compris que sa permissivité peut être destructrice pour l'enfant[11].

Asséner à longueur de journée à Luc des « tu devrais comprendre » ne déséquilibrera en rien sa philosophie de base (on doit laisser les enfants tranquilles, ils mûrissent tout seuls). *A contrario*, ne plus exiger mais accepter qu'il soit « philosophiquement permissif », ce n'est plus « Tu dois », mais « J'ai compris que toi, Luc, tu étais (pour "x" raisons) à l'opposé d'une éducation conflictuelle, que tu ne comprends pas à quel point un enfant peut devenir omnipotent dans un contexte de permissivité. » Mais l'objectif doit bien rester le même : je souhaite que mon conjoint comprenne et modifie ses attitudes parentales parce que l'enfant peut être en danger. Désormais, la question n'est plus « Il doit faire ceci ou cela… » mais « Comment m'y prendre pour qu'il change ? »

C'est cette orientation que nous avons prise par la suite. Martine a modifié ses injonctions éducatives à l'adresse de Luc en souhaits, Luc s'est senti moins attaqué et a pu entendre les dangers qui guettaient Charles. Il n'a pas bien sûr radicalement changé, mais a accepté plus de fermeté et surtout de judicieux compromis avec sa femme pour que leur fils vive une éducation plus cohérente.

➤ *Colères éducatives et permissivité*

En général, c'est l'enfant qui en pâtit. Quand l'enfant baigne dans l'émotionnel parental, il n'est pas éduqué, il est tancé, menacé, mais rien ne se passe réellement. J'ai déjà évoqué Félix, cet enfant de 12 ans qui avait tout compris des colères paternelles à la lecture du piteux bulletin trimestriel. Quand je lui demandais : « Alors, le bulletin ? Ton père ?... » J'avais cette réponse : « Beaucoup d'émotions, pas de punitions ! » Je parle d'incohérence parentale parce que l'émotion dominant, chaque parent reprend ses demandes irréalistes au détriment d'une stratégie éducative commune, ce qui est la meilleure façon de donner le pouvoir aux enfants rois. Qui n'a pas été témoin de menaces telles que « Tu verras à ton anniversaire ! », « Et pour les grandes vacances... », et autres « Puisque c'est ça, tu peux faire tes bagages ! »... Ces menaces inefficaces parce que fortement promises (en décibels) et jamais tenues, écartées le plus souvent parce que disproportionnées par la colère.

J'entends certaines remarques : s'il convient d'accepter le laxisme d'un conjoint et le farniente d'un enfant, alors cela veut dire qu'il vaut mieux démissionner ! Bien sûr que non, une fois de plus il est bon de rappeler que devenir « rationnel » (tenir compte de ce qui « est », de la réalité) n'a rien à voir avec une attitude défaitiste ou fataliste : accepter de voir les choses et les gens tels qu'ils sont permet de ne pas amplifier les sentiments de frustration en réactions colériques. J'ai tout à fait le droit d'exiger des normes éducatives pour mon enfant à la maison, mais il est absurde de vouloir que cet enfant y réponde simplement parce que je l'ai demandé. Puisque je sais que mon enfant est hostile à l'autorité parentale, il ne sert à rien de répéter la « prière du bon enfant qui doit obéir tous les jours ». Il est dix fois plus utile de se dire : « Mon enfant a des problèmes avec l'autorité, quelle stratégie éducative dois-je adopter pour obtenir ce qui est bon pour lui ? » Une fois de plus, l'acceptation de la réalité, même frustrante, favorise la résolution des problèmes, là où la colère les exacerbe par ses demandes émotionnelles, disproportionnées et donc « irrationnelles ».

➤ *Quelle issue pour la famille ?*

Soyons optimistes ! Il est plus facile et plus constructif d'évaluer nos attentes et demandes irrationnelles envers nos propres parents, notre conjoint et nos enfants que de persister dans des luttes stériles qui, au bout du compte, ne provoqueront que rejets et séparations.

Mais nos activités professionnelles, notre vie de couple et la vie en général ne cessent de stimuler nos sentiments de colère… et c'est bien là le problème ! Parce que l'humain conçoit la vie de son point de vue, le plus souvent de façon irrationnelle, et que ses attentes sont le plus souvent anéanties par la réalité, il éprouve et agit de plus en plus son ressenti de colère. La colère révèle donc bien une impuissance devant certaines réalités, devant certaines adversités et parfois devant la réalité tout court. La colère semble traduire un refus du réel, la vaincre signerait-il une meilleure appréhension de soi, des autres, de ce fameux « principe de réalité » ?

CHAPITRE 7

Colère et frustration

La part d'inconscient

➤ *Je ressens donc je suis…*

Et si cette colère révélait ce que je « suis » réellement, non seulement ce que je ressens devant telle ou telle adversité de la vie mais aussi comment j'interprète cette réalité, comment je décide de me comporter et ce que j'attends des autres. Bien avant les approches cognitives, Jean-Paul Sartre[1] avait évoqué ce lien entre l'émotionnel de l'homme et sa façon d'être dans le monde : l'émotion n'est pas un simple symptôme de quelque chose de plus profond en moi, mais serait l'expression même de ma singularité devant les aléas de l'environnement. Quand la vie me contraint ou me frustre, je peux répondre par la peur (troubles anxieux), la détresse ou l'impuissance (dépression) ou par l'hostilité (colère). Si ces différentes émotions peuvent s'avérer adéquates – l'anxiété pour éviter un danger, la colère pour affronter ou répondre à l'attaque – dans notre quotidien elles peuvent signer une grande incompétence à gérer notre vie et le principe de réalité. Alors comment expliquer ces débordements colériques ? Comment expliquer aussi qu'ils s'exacerbent le plus souvent avec les années si on ne réagit pas ?

Nous l'avons vu, il existe un lien étroit entre le sentiment de colère et les pensées irrationnelles, les absolus qui lui sont attachés. Mais d'où viennent ces « il faut », « cela devrait », « je devrais » ? Comment en arrive-t-on à s'endoctriner aussi facilement avec des automatismes de pensée que nous jugeons pourtant inappropriés et absurdes, une fois révélés et conscientisés ?

Il se passe quelque chose inconsciemment… Beaucoup de choses sont inconscientes, la plupart de nos réponses comportementales et de nos réactions émotionnelles, notre vie physiologique, « biologique », traduisent l'importance de ce qui n'est pas conscient. Mais nos émotions sont-elles liées à un inconscient « obscur » ou tout simplement amplifiées par les pensées plus ou moins conscientes… ? Vaste débat. Pour certains, l'émotionnel répond aux représentations inconsciemment enfouies au plus profond de notre véritable être (les écoles psychanalytiques), et nous ne pouvons pas les retrouver facilement. Pour d'autres, les émotions signent les absolus de pensée qui sont leur interface puisque l'émotion et la pensée qui lui est accolée ne sont qu'une seule et même chose (les approches cognitives) et ces pensées peuvent être consciemment retrouvées, comprises, évaluées et changées.

➤ *De quel Inconscient parle-t-on ?*

Selon l'approche psychanalytique, l'inconscient aurait un contenu « manifeste » et un contenu « latent ». Par l'interprétation des associations libres et des rêves, le contenu caché ou latent révèle ce lieu mystérieux et qui règne en maître absolu : l'Inconscient. Dans ce royaume du « refoulé » s'exprimeraient réellement nos sentiments, nos pensées, toute notre vie psychique. Mais cette vie psychique se pare souvent du symbolisme pour pouvoir s'exprimer sans la crainte du « surmoi » avec sa morale et ses interdits. Seul l'analyste peut décrypter ce langage inaccessible au simple raisonnement, à la conscience. Cet inconscient freudien domine toute la vie consciente avec ses forces, ses défenses, ses ambivalences, ses désirs internes.

➤ *Qui est maître à bord ?*

La question est de savoir qui domine quoi ou *vice versa*. Est-ce notre vie psychique inconsciente, globalement refoulée, qui domine notre pensée consciente ou est-ce l'inverse ? Ma conscience peut-elle reconnaître, évaluer, réguler, voire maîtriser mes pensées inconscientes ? Ma conscience, avec sa faculté de raisonner, de penser, de déduire, de se remémorer, de symboliser, de stimuler une métacognition (penser sur sa pensée), peut-elle « dominer » ce qui est hors de son champ ? Pour nous, cognitivistes, cette Conscience-là est bel et bien le centre de la vie psychique et n'est pas sous la domination de forces obscures. Nous appréhendons l'Inconscient, oui, mais pour mieux signifier la force du Conscient[2].

Notre approche est des plus « constructiviste » : la Conscience se développe avec le temps, assimile et s'accommode, se déséquilibre face aux réalités pour mieux engranger de nouvelles informations, de nouvelles émotions, une nouvelle histoire, le tout pour une nécessaire évolution. Ainsi, notre pensée elle-même évolue avec les aléas de la vie, quitte certaines croyances pour le doute, elle devient « formelle », ne se rigidifie plus dans ses certitudes pour mieux accepter les hypothèses, les « possibles »… Elle devient progressivement métacognition, « je pense ma pensée ».

➤ *Un subconscient plus accessible*

Nous le savons avec les neurosciences, la plupart de nos actions sont inconscientes, automatisées, pour permettre à la conscience de ne pas être submergée par un trop grand nombre d'informations. Être conscient de tout est impossible. Mais il existerait un « Subconscient » plutôt qu'un Inconscient : certes, il existe des pensées sous-jacentes à la conscience, mais elles ne sont pas si éloignées de la conscience et nous pouvons les retrouver facilement. Elles ne sont pas « refoulées » au sens classique, mais oubliées : ce n'est pas une force interne répressive qui les renvoie hors de la Conscience mais tout simplement une mise à l'écart provisoire pour ne pas encombrer.

➤ *Retrouver les pensées subconscientes*

Dans l'approche cognitive, il est possible à chaque instant de retrouver le pourquoi de certains automatismes de pensée ou de les comprendre sans avoir besoin de décrypter un pseudo-langage cabalistique. Nous retrouvons certains postulats inconscients en associant, consciemment, certaines pensées, grâce à un outil que nous appelons la « chaîne inférentielle ». Dès qu'un événement est « activant » (une quelconque adversité), de nombreuses pensées conscientes et inconscientes sont elles-mêmes stimulées : chaque situation vécue est ressentie (nos émotions s'expriment), mais aussi « pensée ». Ce sont ces pensées, inférées par les événements « activants » qu'il est possible de retrouver : tel aléa provoque immédiatement une pensée plus ou moins consciente et cette pensée infère, elle aussi, d'autres pensées, des demandes, des attentes, des exigences sur soi, les autres et la réalité en général, ce sont des « cognitions » subconscientes. Plus nous associons librement les pensées, plus nous retrouvons des « cognitions » plus ou moins subconscientes.

Ronald est un jeune homme de 35 ans, il a fait un long « travail sur lui » et compris certains liens entre son vécu infantile et ses réactions émotionnelles actuelles. Selon lui, ses parents l'ont toujours critiqué, comparé au frère aîné adulé, ne l'ont jamais soutenu dans ses projets, ils l'ont toujours empêché de s'exprimer, de donner un quelconque avis sur quoi que ce soit, ce qui expliquerait ses sautes d'humeur dès qu'il se sent mal considéré. Le problème est que ces excès de colère ont lieu un peu partout au quotidien…

Nous reprenons ensemble le dernier « activateur » de sa colère :

Ronald évoque avec colère sa dernière entrevue avec son chef : « C'est insupportable, je n'ai même pas osé dire à mon chef tout ce que je pensais de son projet irréalisable… »

LE THÉRAPEUTE : « Vous étiez en colère contre vous ?… Que vous disiez-vous ? »

RONALD : « Que je suis nul de ne pas savoir m'affirmer… »

LE THÉRAPEUTE : « Mais qu'est-ce qui est aussi insupportable dans le fait d'être peu affirmé ? »

RONALD : « Je vais encore faire les choses contre mon gré… »

LE THÉRAPEUTE : « Et alors… ? »

RONALD : « … Je vais subir la vie, les abus de pouvoir, comme toujours… »

LE THÉRAPEUTE : « Et… ? »

RONALD : « … C'est absurde… Je devrais avoir confiance en moi, ne pas être si émotif, je suis comme un gamin… je devrais être un adulte… »

LE THÉRAPEUTE : « Un adulte… ? »

RONALD : « Un adulte mûr, pas sensible comme je le suis, pas émotif… un homme quoi ! »

Ronald prend peu à peu conscience que, derrière cette colère contre son manque d'affirmation de soi, il a inféré son mépris de se laisser faire par les autres, son découragement devant son émotivité et surtout son refus d'être une personne sensible. « Quand on est un homme, on est en contrôle émotionnel… » Cette cognition ou « loi subconsciente » s'est révélée en associant les pensées liées à l'événement activateur : l'absence d'affirmation de soi devant son patron. Cette assimilation, inconsciente, de la virilité au contrôle émotionnel est une tout autre affaire qu'il faudra travailler dans la suite de la psychothérapie : d'où viennent ces croyances ? Ont-elles été stimulées dans la réalité, dans l'enfance ou par d'autres événements de sa vie ?

L'enfance : berceau de nos colères ?

➤ *Des schémas infantiles responsables ?*

Certaines personnes ont vécu dans leur enfance, et le plus souvent de la part de leurs parents, certaines carences ou dysfonctionnements. Elles ont par la suite créé des « schémas », de véritables scénarios qu'elles reproduisent : si, à l'âge adulte, elles rencontrent des contextes semblables à ceux qu'elles ont connus, elles vont y répondre par de nombreuses émotions négatives et en particulier par la colère. La colère devient ainsi un mode de réponse privilégié à ce qu'elles perçoivent comme une répétition des mauvaises réponses parentales ou environnementales passées. Les schémas d'abandon, de méfiance/abus, de manque affectif pourraient être à l'origine de ces réactions colériques[3].

Dans le schéma « Abandon », la non-fiabilité et l'instabilité sont les attitudes que l'enfant a le plus souvent vécues avec les personnes les plus importantes de son entourage. À l'âge adulte, il risque soit de craindre de s'investir auprès des autres, soit de leur reprocher constamment leur manque d'investissement.

Le schéma « Manque Affectif » signe une certitude : les autres ne m'apporteront pas le soutien affectif dont j'ai besoin. Là encore, la réponse adulte peut devenir l'isolement ou la colère contre ceux qui n'apportent pas tout ce qui est « attendu » d'une relation.

Dans le schéma « Méfiance/Abus », l'enfant s'attend à être humilié, maltraité, à ce que les autres profitent de lui, lui mentent, trichent. Plus tard, à l'âge adulte, cette insécurité peut renforcer le sentiment d'être constamment défavorisé par rapport aux autres ainsi que des sentiments d'impuissance.

Dans le témoignage de Ronald ci-dessus, nous pouvons deviner un tel schéma : abusé par des parents autoritaires et peu soucieux de sa sensibilité, il est désormais une proie choisie dès qu'il rencontre un contexte d'autorité ou de pseudo-abus de pouvoir. Cela expliquerait la colère de Ronald, mais le savoir suffira-t-il à la calmer ?

➤ *Mon passé est-il la source de mes maux actuels ?*

Il serait vain de nier l'importance des premières expériences vécues dans le milieu familial, mais toutes les personnes « carencées » dans leur petite enfance n'ont pas forcément des accès de colère à l'âge adulte. La théorie dite des « schémas » de J. Young risque de nous réendoctriner avec cette croyance : ce sont les événements passés qui ont créé mon ressenti actuel et qui déterminent mes comportements. Derrière cette hypothèse de carence dans les premières relations « objectales » (parents, proches en général) se niche cette affirmation : les maltraitances dont j'ai été l'objet expliquent mes dysfonctionnements émotionnels et comportementaux actuels. Ainsi, si j'ai été insécurisé ou humilié par un de mes parents, toute situation proche de ces « traumas » passés sera l'occasion d'exprimer ma douleur et donc ma colère contre l'éventuel danger. Cette compréhension du lien entre un « vécu passé » et une « colère actuelle » risque de nous emmener sur la piste de l'interprétation : je me suis mis en colère contre telle ou telle personne ou dans telle ou telle situation parce qu'elles me rappellent « x » événement. Et je renforce ainsi mes croyances premières selon lesquelles l'autre ou l'environnement, en fait le « principe de réalité », n'aurait jamais dû être ce qu'il a été et ne devrait pas être ce qu'il est.

Mais comment expliquer alors que des personnes qui ont subi un vécu semblable soient moins colériques et ne ressassent guère ces exigences sur le passé ou l'actuel ? Même lorsqu'elles ont vécu des événements frustrants et parfois même de véritables traumas, elles semblent monter, au contraire, une totale acceptation de cette réalité. Elles acceptent leur vécu, dans sa dimension « rétrospective » (le passé traumatique ou non), actuelle (ce que je vis) et prospective (comment le futur est envisagé).

Subjectivité et réalité

➤ *Une autre piste !*

Un collègue psychothérapeute me confie lors d'une supervision : « Quand un patient résiste fortement à toute hypothèse thérapeutique, je peux ressentir, après quelques séances, un sentiment de colère. » J'interviens : « Qu'est-ce que tu te dis à propos de cette résistance ? », « Qu'il devrait comprendre qu'il n'y a pas de véritable psychothérapie sans remise en cause de soi et non de l'environnement ! » Je lui demande de poursuivre son automatisme de pensée, d'essayer d'inférer d'autres pensées à partir de l'absolu. « Les patients doivent se remettre en cause ! », et nous arrivons à d'autres cognitions comme : « On doit se remettre en cause… car c'est dans l'accommodation, dans le déséquilibre qu'on trouve de nouvelles hypothèses pour un mieux être… » « Parce que… » continué-je. « Parce que, me répond-il, l'humain se fige dans ses certitudes, s'il n'accepte pas le déséquilibre, il persiste dans sa vision des choses, dans son "assimilation" et est de moins en moins acteur de son environnement, qu'il subit… » « Tout humain se doit de se mettre en déséquilibre pour s'améliorer », insiste-t-il. J'insiste : « Parce que… ? » La réponse fuse : « C'est ce que j'ai toujours tenté de faire, cela m'a beaucoup apporté ! »

Oui, son expérience autorise ce collègue à conclure qu'accepter les déséquilibres, les reconnaître, les révéler avec les remises en cause que cela induit est une bonne chose, un facteur d'évolution personnelle. Pour lui, c'est une réalité, mais ce n'est qu'une expérience subjective : se voir fonctionner, se distancier, s'autocritiquer lui ont sans doute été bénéfiques, mais peut-il transformer ce vécu en « loi objective » pour tous ? En comparaison de son expérience positive, combien d'autres lui prouveront que se remettre en cause est parfois inutile, voire dangereux ? Certains humains destructeurs ou manipulateurs peuvent prendre notre loyauté ou notre authenticité pour de la faiblesse et s'y engouffrer à leur profit. Et, dans ce cas, la « loi » serait inverse : il vaut mieux vivre caché et ne pas accepter les déséquilibres pour se préserver.

➤ *Une dispute socratique*

Ce collègue s'était effectivement constamment enrichi de rencontres avec certains mentors, avait surmonté de nombreux événements douloureux dans sa vie et, au final, trouvé de nouveaux et riches équilibres. Nous avons mis à jour ensemble une « loi de fonctionnement » chez lui : « On doit apprendre de la vie et surtout se remettre en cause en permanence. » Nous avons donc tenté de contester, de contre-argumenter cette croyance, de la « disputer ». Par cette dispute que nous qualifions de « socratique », il s'agit de tenter de fissurer ce postulat sur la « nécessaire remise en cause de soi ». Nous trouvons plusieurs pistes de travail : la première est que cette croyance de la nécessaire acceptation du déséquilibre va à l'encontre de la psychopathologie : si un patient vient consulter, c'est avant tout pour être plus heureux et non pour se faire « psychologiquement mal ». S'il « résiste », c'est qu'il a peut-être de bonnes raisons pour cela et à nous de trouver les blocages. Il peut aussi se fermer à nos propositions parce que ses dysfonctionnements actuels lui donnent de nombreux bénéfices secondaires et nous savons à quel point un patient n'évoluera pas si les bénéfices secondaires de sa pathologie sont importants. Enfin, est-ce si facile de se remettre en cause, de contester ses croyances ? Bertrand Russell ne disait-il pas : « L'homme n'a pas besoin de connaissance, il a besoin de certitudes. » Et les patients, dans leur subjectivité, peuvent-ils facilement adhérer aux exigences (irrationnelles parce que non « objectives ») de leur thérapeute ?

➤ *Les choses devraient se passer comme je le veux !*

Je pose une dernière question à ce jeune praticien : « Quand tu disputes ta “croyance” avec tout ce que l'on vient d'échanger, ressens-tu la même colère envers ce genre de patients “résistants” ? » Il me dit : « Elle est plus diffuse, mais je sens qu'il y a autre chose… » Je poursuis donc : « Ces patients te mettent en colère parce que… ? » « Parce qu'ils ralentissent la séance psy et mon travail quand ils ne font pas ce qu'il serait intelligent de faire ! » «Tes patients te… ? » « … me frustrent ! C'est ça ! Je ne supporte pas que les choses ne se passent pas comme elles devraient se passer ! ce genre de patient me rend moins efficace… et en plus ils “me” résistent ! »

Et revoici cette fameuse intolérance aux frustrations, qui nous harcèle à chaque moment de notre vie, toujours présente, active. Peut-on s'en débarrasser ? Immédiatement, non ! Ce serait d'ailleurs une nouvelle volonté irrationnelle que tout se passe vite, sans incertitudes, sans aléas et au final sans frustrations… En revanche, il est possible de la réduire graduellement, en trouvant une nouvelle philosophie de vie qui peu à peu va réduire notre quête du principe de plaisir à tout prix et réinclure une meilleure acceptation du principe de réalité.

Mais, dans un premier temps, pourquoi cette « intolérance aux frustrations » est-elle si prégnante ?

Le refus d'une réalité « frustrante »

➤ *Un environnement qui stimule le plaisir*

Notre société d'abondance favorise la satisfaction immédiate de nos besoins et c'est sans doute un grand mieux. Je me vois mal retourner à ces époques où l'ambition quotidienne se résumait à trouver les aliments, le refuge, la sécurité. Je ne crois pas aux bienfaits de la pénurie, l'insatisfaction matérielle n'engendre pas forcément un enrichissement de l'esprit, sauf pour quelques ermites. Mais, *a contrario*, le fameux « *panem et circenses* » « du pain et des cirques », aide-t-il vraiment les hommes ? Lorsque j'accueille des enfants ou adolescents, beaucoup se révèlent très vulnérables à toute frustration. En plus du confort matériel, et c'est un bien, ils ont été habitués à satisfaire facilement bon nombre de leurs désirs (nombreux loisirs, activités variées, achats de jouets, utilisation des jeux vidéo, d'internet, scolarisation primaire réussie sans grands efforts, etc.), ils ont reçu une réelle affection parentale, leur environnement social est souvent privilégié. Mais, au final, j'entends une grande impuissance dès que la réalité devient plus contraignante : quand il s'agit de travailler plus pour l'école, quand il faut maintenir une activité de loisir qui devient plus exigeante, quand une séparation affective survient. Devenus adultes, certains tentent encore de ne vivre que sous le règne du principe de plaisir, mais la réalité les rattrape vite. Il ne leur reste plus qu'à essayer de nier cette réalité, parfois à l'agresser et le plus souvent à s'enfermer dans des conduites addictives, voire des pathologies. La boucle est bouclée : les frustrations de la réalité, les aléas, la présence des autres, deviennent peu à peu insupportables, il faut désormais gommer ce qui déplaît par la consommation qui, en retour, renforce un peu plus cette fragilité pour appréhender la réalité.

➤ *Une vie comme je l'ai toujours vécue !*

Si, dans ma petite enfance, mon enfance et mon adolescence, lors de ma vie de jeune adulte, rien ne s'est opposé à mon désir de toute-puissance, comment vais-je accepter les moindres contraintes de la réalité qui vont progressivement apparaître à l'âge adulte ?

Si cette société de consommation m'a insidieusement enseigné et prouvé que le principe de plaisir immédiat peut être atteint, comment vais-je réagir à la moindre adversité ? Nous avons de moins en moins de difficulté à nous nourrir, à nous distraire, à consommer et parfois même à nous rencontrer, à aimer…

C'est formidable de « télécharger » sa musique préférée pour un moindre coût ou tout simplement gratuitement. Quelle aubaine de pouvoir parler à telle ou telle personne de n'importe où grâce au portable. Et quand je souhaite une information, le « net » me la procure en un dixième de seconde ! Oui, le progrès, avec cette société de consommation qui le stimule sans cesse, procure d'incomparables satisfactions. Mais quand la satisfaction immédiate remplace peu à peu les mille petites contraintes du quotidien, quand tout est fait pour ne plus attendre, différer, chercher, s'efforcer, n'y a-t-il pas danger de nous affaiblir dès que la réalité redevient frustrante ? Le risque n'est-il pas de croire que cette satisfaction immédiate toujours grandissante puisse éloigner de nous à jamais les moindres contraintes de la réalité ? Dès lors, il n'y aurait plus d'accommodation au réel, comme le soulignait J. Piaget[4], mais une croyance (une assimilation) incontournable : tout doit être fait pour ne pas contrarier le principe de plaisir.

➤ *Insatisfaction et colère immédiate*

Aurélien, 4 ans, entre dans une grande colère parce qu'il n'a pas ses céréales favorites au petit déjeuner, son émission de télévision préférée à l'heure du goûter, tels jeux ou activités les dimanches. Rémi, adolescent, devient colérique parce qu'il ne reçoit pas une réponse à ses SMS ou parce qu'il ne peut pas sortir quand il le veut avec ses copains, parce qu'on ne le laisse pas « profiter de la vie alors qu'il est jeune ! ». Mais aussi Pierre, jeune adulte, en rage dans une file d'attente à la caisse d'un supermarché, devant un distributeur automatique de billets en panne, devant un four à micro-ondes inefficace, devant la lenteur du trafic routier… La vie ne leur apporte plus ce qu'elle était supposée leur offrir : une réponse immédiate à leurs désirs.

➤ *L'intolérance aux frustrations*

J'ai beaucoup étudié les interactions entre les crises de colère chez l'enfant et l'intolérance aux frustrations[5]. J'avais été frappé par ce qu'avaient écrit Christophe André et François Lelord sur la grande maîtrise émotionnelle des Eskimaux[6] : ces derniers, contrairement aux « Blancs » ont un contrôle émotionnel total dans l'adversité et ne souffrent d'aucun accès de colère. Se mettre en colère est pour eux le signe d'une grande immaturité. La maturité adulte signe, elle, une grande retenue. (« Un homme, ça s'empêche »[7], disait Camus). Christophe André et François Lelord poursuivent à propos des Eskimaux : « Lorsque quelqu'un se met facilement en colère, ils le considèrent comme un *nutaraqpaluktuq*, ce qui signifie "comportement d'enfant"… comme la plupart des Blancs que les Eskimaux ont l'occasion de rencontrer. »

Comment expliquer cette attitude de contrôle total ? Est-ce une marque de refoulement ? Sont-ils génétiquement prédisposés à la sérénité ? Sans doute pas, puisque les Eskimaux ont observé la colère chez les enfants. Est-ce seulement parce qu'il était incontournable de bannir toute colère dans des sociétés à la vie si difficile afin qu'aucun conflit ne vienne perturber le corps social ? Ou est-ce aussi que les Inuits apprennent très vite que devant la difficulté de la vie il n'y a pas d'autre issue, dans un premier temps, que la simple acceptation des aléas ?

➤ *Le syndrome de la télécommande*

Je me souviens, c'était il y a vingt ans, je participais à une formation aux États-Unis. Lors d'un séminaire, je fus très surpris par les réflexions d'un collègue psychologue américain : « Chez nous, certaines personnes piquent des colères terribles parce que leur télécommande ne marche plus faute de piles !… La tolérance aux frustrations baisse ! » Je pensais que c'était un peu excessif, cela prêtait à sourire. Maintenant, j'adhère à cette hypothèse : le confort, si nous n'y prenons pas garde, va nous rendre plus vulnérables aux moindres frustrations. Nous transpirons beaucoup plus depuis que la climatisation se généralise dans les voitures et les commerces (même en Normandie), nous sommes impatients quand le micro-ondes n'est pas assez rapide, les pannes de courant nous mettent dans tous nos états, nous pestons si la cafétéria de la station-service est fermée, etc. Il serait exagéré d'établir un lien entre l'abondance de la société de consommation et l'intolérance aux frustrations, mais une chose me semble pertinente : elle participe à notre fragilité devant les adversités du quotidien. Il nous faut donc être vigilants devant la quête incessante du plaisir et la vulnérabilité aux frustrations de nos générations actuelles et futures.

➤ *Un besoin de satisfaction immédiate*

C'est ce que promettent beaucoup de modes de consommation actuels : les restaurants « fast-food », les choix de centaines de chaînes télévisées câblées, les achats à crédit participent à cette croyance que le plaisir est désormais à portée de main et qu'il devient la règle de vie. Mais cette falsification du principe de réalité va majorer nos sentiments de frustration quand l'inévitable adversité survient : le retard d'un train, la panne d'essence, le téléphone occupé, la salle de cinéma comble, la boulangerie fermée, l'embouteillage au péage automobile, autant d'occasions, pour certains, de se mettre en colère « parce que ça ne marche pas comme ça devrait marcher ! », traduisons « parce que la réalité m'empêche de vivre mon principe de plaisir immédiat… »

Nous risquons donc d'être en colère parce que le monde environnant ne nous donne pas notre dû, notre part de satisfaction immédiate. Comme les poupons qui hurlent dès qu'ils n'ont plus de câlins, de nourriture ou tout simplement de partage, certains adultes fragilisés par l'absence de frustrations au quotidien ne vont cesser de manifester leur rage contre un environnement qui ne peut jamais répondre complètement à leurs désirs. Des événements minimes deviennent des affaires d'État.

Paul, patient d'une quarantaine d'années me parle de son ex-meilleur ami : « De toute façon je ne le supportais plus, il fallait toujours lui répondre au téléphone à n'importe quel moment de la journée ! »

LE THÉRAPEUTE : « Qu'est-ce qui était si insupportable dans l'attitude de votre ami ? »

PAUL : « Qu'il se permette de croire que je suis à sa disposition… et surtout qu'il vienne me perturber à n'importe quel moment… surtout quand je fais un truc qui m'intéresse ! » (Paul se sent donc agressé parce que « l'autre » interrompt son plaisir immédiat et qu'il est considéré « à sa disposition »).

Et à ma question : « Ne vaut-il pas mieux fermer le téléphone quand vous êtes occupé ? », je reçois un « Manquerait plus que ça, qu'il m'oblige à couper mon téléphone ! Non, c'est simple, il doit se mettre un peu à la place des autres… » Bref, le monde de Paul se doit d'être comme il le conçoit, sans frustrations !

➤ *Moi, Moi, Moi…*

Ainsi, les « autres » doivent aussi répondre à la sollicitation immédiate des personnes colériques. Quiconque ira à l'encontre de ce principe sera rejeté, agressé, voire annulé. Beaucoup de personnes vont se mettre en colère contre ceux qui gênent « leur » réalité. Elles ne prennent pas en compte la présence des autres, ni la possibilité que ces autres pensent, ressentent et vivent différemment. Il y a là une sorte de cécité à autrui qui hypothèque gravement la qualité du lien social… Or prendre en compte autrui suppose de le faire passer du statut d'objet à celui de sujet, et donc d'accepter de voir son propre pouvoir limité par celui de l'autre. Cette acceptation nécessite de savoir gérer la notion de contrainte en tant que limite imposée au désir personnel. Le refus d'autrui et de sa propre sphère de liberté se manifeste par des attitudes colériques dès que « sa réalité » se sent attaquée.

➤ *Quitter le principe de réalité*

Pour la société de consommation, pas question de différer le plaisir immédiat, de renouer avec les contraintes et de restaurer un hédonisme à long terme, l'économie s'y perdrait ! Alors, le marketing international poursuit son entreprise de déshumanisation en stimulant toujours plus notre hédonisme à court terme. Et certains vont écouter les sirènes des « marchands » qui leur proposent une nouvelle philosophie de vie : on peut jouir et faire ce que l'on veut quand on veut, le contraire devient « insupportable ». Impossible credo que ce refus du principe de réalité qui envoûte l'homme mais le déshumanise peu à peu puisqu'il quittera, sans le vouloir, le monde des siens et de la réalité tout court. S'exclure du réel, c'est entrer dans la pathologie. Répondre au principe de plaisir, c'est quitter le lien Soi-Autrui[8] et renoncer à sa propre identité… l'homme est un animal social… Et, dans le contexte contemporain, la colère ne signe plus une réponse à un quelconque danger de la réalité et n'est plus l'adéquation pour survivre, elle n'est plus qu'un énorme caprice devant les frustrations du réel : puisque je n'ai pas ce que je veux, je vais grogner, agresser, hurler !

Des pensées irrationnelles

➤ *Une interprétation excessive de la réalité ?*

Je reprends le fameux : « Ce ne sont pas les événements qui nous perturbent mais l'interprétation qu'on en fait » d'Épictète et des Stoïciens[9]. Quelles sont donc les pensées qui sont profondément liées à la colère et génératrices de comportements colériques ? Sont-elles réalistes, rationnelles ou au contraire irrationnelles et révélatrices d'un mal être avec notre environnement ? Comme le disait A. Ellis[10], il nous faudra « repenser notre inconscient », cet autre Inconscient, non pas lieu d'uniques traumatismes refoulés mais cet inconscient cognitif qui traduit toute notre profonde philosophie de vie. Il nous appartiendra de voir s'il s'agit d'une réelle philosophie ou bien au contraire d'un inconscient irrationnel parce que dogmatique et irréaliste.

➤ *Prendre conscience de nos croyances irrationnelles*

Et s'il existe un lien entre l'intolérance aux frustrations, ce déni du principe de réalité, et l'expression d'émotions négatives, nous pouvons aussi faire l'hypothèse que la colère peut être stimulée par des demandes irrationnelles. (« Irrationnel » ne signifie, ici, que la qualité « irréaliste » de certaines attentes, exigences sur soi, les autres et le monde en général.) Il est souhaitable de prendre conscience des automatismes de pensée qui nous assaillent dès que les contraintes du réel freinent notre volonté de plaisir immédiat. Citons certaines pensées irrationnelles qui génèrent de la colère quand autrui ne se comporte pas comme nous le voulons[11] :

- On ne doit absolument pas se conduire de telle ou telle façon envers moi.
- Puisque l'on m'a traité de cette façon, l'auteur est détestable et doit être puni.

L'auteur de la « mauvaise action » est donc assimilé à son comportement. Une personne qui agit mal est mauvaise et une personne qui est « bonne » se comportera toujours positivement. Cette pensée logique est irrationnelle, elle n'est jamais corroborée par les faits. L'évaluation d'un comportement ne saurait traduire l'évaluation de la personne.

➤ *Ne condamnez pas les autres !*

Quand un humain arrête sa voiture en double file, met ses « warnings » devant le bureau de tabac, c'est qu'il est victime : les additifs toxiques que les multinationales ont su mélanger au tabac l'obligent à acheter « tout de suite » le paquet en question. Il ne pense plus (même pas à mal), il veut sa dose, ce n'est pas que vous n'existez pas, c'est qu'il n'existe que pour son plaisir… et celui-ci est orchestré loin de sa volonté, par les marchands ! Pardonnez-lui ! Cet autre qui coupe la file pour acheter immédiatement son billet d'entrée pour la séance de cinéma n'est pas plus libre : il ne le fait pas par égocentrisme, mais peut-être par volonté de répondre à la pub qu'il vient d'avaler dans la presse, à la télévision. Les damner, les accuser de tous les maux, est-ce bien rationnel ? Peuvent-ils changer leurs attitudes du jour au lendemain ? Au lieu de condamner, n'est-il pas plus utile d'envisager des stratégies de communication pour contrer ce genre d'incivilités ?

➤ *Le lien Soi-Autrui*

Jouir seul sans les autres, c'est s'enfermer hors de la réalité, mais n'exister que pour les autres devient vite la négation de soi. Quand le curseur est au milieu, il y a forcément un va-et-vient entre Soi et Autrui et c'est ce fragile équilibre qu'il convient de vivre. Mais comment faire, comment peut-on renouer avec le lien social ? Comment puis-je refuser cette tentation de la jouissance immédiate quand tout est fait autour de moi pour que j'y succombe ? Faut-il reprendre les vieilles réactions woodstockiennes, refuser la société de consommation, retrouver d'improbables Larzac ? Non, cette société marchande apporte un plaisir qu'il ne faut pas rejeter, elle n'est détestable que lorsqu'elle submerge le lien Soi-Autrui. Puisqu'il s'agit d'équilibre, il nous faudra « penser » notre vie plus harmonieusement : puis-je vivre ma vie avec le principe de réalité même si je souhaite jouir aussi d'une société de consommation ?

Plaisir et réalité

➤ *Réinclure le principe de réalité*

Il ne saurait bien sûr être question de l'acceptation béate de toute adversité ou de tout aléa, mais d'une véritable philosophie : savoir contrôler un principe de plaisir à court terme, savoir différer et donc accepter la frustration. En effet, différer ce qui peut être bon, pour mieux vivre un plaisir plus intense, c'est l'hédonisme à moyen et long terme.

La recherche de Ryan C. Martin et Eric R. Dahlen[12] tend à prouver qu'il existerait un lien entre comportements colériques et croyances irrationnelles liées à l'intolérance aux frustrations et à la dramatisation des aléas de la vie. Ceux qui acceptent ces « frustrations » qui ne sont autres qu'une appréhension réaliste du principe de réalité ne connaissent pas la colère démesurée. L'acceptation n'engendre l'hostilité ni contre soi, ni contre les autres, ni contre la vie en général.

➤ *Équilibrer principe de plaisir et principe de réalité*

Je l'ai déjà dit, je ne saurais me situer dans un mouvement « réactionnaire » avec un attachement aux bonnes vieilles valeurs[13]. Non, la solution n'est pas un « retour » à la transcendance de l'humain avec la famille, le travail, la patrie, la religion ou je ne sais quoi (quoique la religion, quand elle n'est pas intégriste, évoque le plus souvent des valeurs altruistes). Nous, les « un peu acteurs » de 68 (je n'avais que 16 ans), ne souhaitions avant tout qu'un juste équilibre entre la jouissance et le respect d'autrui. Oui, nous voulions redonner ses lettres de noblesse au verbe « jouir », au mot « liberté », mais nous ne pensions jamais exclure l'autre, le social n'était jamais absent. Mis à part quelques libertaires qui ne voulaient qu'un bénéfice immédiat, réfutaient toute autorité au titre de leur liberté propre, bien trop égocentriques, beaucoup d'autres imaginaient cette heureuse alliance entre le principe de plaisir (moi et ma jouissance) et le principe de réalité (les autres) ; le plus souvent, c'était par l'engagement politique que cet amour des autres pouvait rejoindre la quête personnelle du bonheur pour soi. En effet, inclure la dimension sociale n'est pas un renoncement à la jouissance pour soi, c'est le souci de rééquilibrer son principe de plaisir avec le principe de réalité. Et cet équilibre souhaité n'est-il pas lié à notre degré d'acceptation tout court de la réalité[14] ?

De l'acceptation

➤ *De l'acceptation de Soi*

Quand j'évoque l'incontournable « Acceptation de Soi », il s'agit non seulement d'une nouvelle philosophie de vie, mais surtout d'une véritable acceptation de ce que l'on est. Si je suis, génétiquement, tenté par la colère, il sera souhaitable que j'y travaille. Mais pas question de me mettre en colère contre moi-même et de me blâmer (« Je ne devrais pas être colérique… ! »). « Je suis de tempérament colérique, que faire pour l'atténuer ? » Si j'ai tel ou tel défaut physique, au lieu d'accuser les lois de Mendel, ascendants et géniteurs, j'ai deux choix : les accepter, vivre avec, ou faire en sorte qu'ils disparaissent (chirurgie esthétique). Si je suis maladroit pour communiquer, si je souffre d'un manque d'affirmation de soi, je peux accepter ma timidité, c'est le premier pas pour travailler ses réponses émotionnelles, déjouer ses peurs et acquérir des « outils » relationnels, et je peux chercher les moyens de me faire aider et changer.

Nous ne sommes pas dans la recherche d'une bonne estime de soi qui est souvent liée au regard de l'autre et à notre propre regard : en effet, ce système de « quête de la bonne note » et de cotation perpétuelle, s'il apporte du bonheur, lorsque la cote est bonne, ne procure que du désagrément quand celle-ci chute. Pour éviter les aléas de cette bourse narcissique, je préfère donc reprendre ce concept d'acceptation de soi. Je quitte le système de cotation, peu importe ce que je fais de positif ou de négatif, ce qui plaît ou déplaît, ma valeur ne peut être liée uniquement à ce que je fais mais à ce que je suis, un être humain à part entière. Christophe André le souligne dans son dernier ouvrage[15] : l'acceptation de Soi est le fondement de l'estime de soi. De ce fait, je suis ce que je suis, mon besoin de me reconnaître ou le besoin de reconnaissance en général ne m'apportera que désillusions. C'est mieux d'être reconnu, accepté, « approuvé », mais cela ne saurait être existentiel.

➤ *Ne vous blâmez pas !*

Nous blâmons les autres, nous les condamnons de ne pas être ce qu'ils devraient être mais ils sont là et, à moins de reprendre les théories peu démocratiques d'exclusion de tout ce qui est différent d'une certaine ligne de conduite ou morale personnelle, nous n'avons pas d'autre choix que de les accepter.

Mais nous ne sommes pas tendres non plus avec nous-même : le colérique se blâme pour ses propres imperfections autant qu'il le fait pour les autres ! Il s'autodévalorise pour tout ce qu'il fait : « Je n'aurais jamais dû me conduire comme ceci ou comme cela… ! » Ainsi, Pierre ne cesse d'être en colère contre lui parce qu'il n'aurait jamais dû craquer l'autre jour pour une simple question de distributeur de billets en panne. Cher Pierre, puisque nous sommes les marionnettes de la volonté mercantile de la « World Company », pouvez-vous redevenir lucide ? Ne vous dites plus : « Je n'aurais pas dû… », mais réfléchissez à ce qui a activé votre colère : si le distributeur de billets (voulu par les banques pour dépenser vite et plus) est en panne alors que vous vouliez l'argent « tout de suite », marquez une pause… Que vous disiez-vous avant d'accéder à cette billetterie ? « J'en ai besoin parce que… » et tentez de « disputer » ce « besoin » par des pensées plus rationnelles : la banque voulait que je consomme immédiatement, la billetterie bloquée me rappelle que je suis tombé dans leur piège… c'est navrant de ne pouvoir obtenir de l'argent « immédiatement » mais je viens de reprendre un peu de frustration au passage et donc un peu de principe de réalité !

Cela évidemment ne veut pas dire que tous les coups me sont permis pour favoriser cette « acceptation » personnelle. Souvenons-nous qu'il ne peut y avoir acceptation de soi qu'avec l'acceptation des autres.

➤ *De l'acceptation des autres*

L'Acceptation Inconditionnelle des Autres. Nous sommes loin de la « compassion » enseignée par le Bouddhisme[16]. Et ce n'est pas non plus pour répondre à un quelconque principe moral ou religieux qu'il est souhaitable de renouer avec cette acceptation-là. Si elle est aussi incontournable, c'est que la réalité nous rappelle tous les jours que les autres vivent aussi pour eux, ne comprennent pas forcément notre subjectivité et sont souvent les premiers acteurs de ce que nous appelons « la » frustration : ils nous empêchent tout simplement de « fonctionner comme nous le voulons » !

Et c'est, une fois de plus, le réalisme, le rationnel, qui dominent : autrui n'est pas à mon image, ma quête est bien vaine si j'aspire à ce qu'il ressente ce que je ressens, à ce qu'il agisse comme je le voudrais, à ce qu'il pense comme moi. Je ne peux, dans un premier temps que « faire avec ». Et c'est de cette acceptation-là que viendra la possible action, et peut-être le changement de l'autre. Mais même s'il ne change pas, « c'est ainsi ! ».

➤ *De l'acceptation inconditionnelle de la réalité*

Ces « acceptations » que je viens de décrire aboutissent à ce concept encore plus large d'acceptation inconditionnelle de la réalité en son entier. Savoir augmenter, par cette acceptation totale de la réalité, son seuil de tolérance à la frustration, c'est apaiser bien des colères. Ce n'est pas, je l'ai souligné, un nouveau stoïcisme. Non, c'est surtout constater, reconnaître que la vie est comme cela et se demander ensuite, et non plus sous l'effet de la colère (qui ne fait que générer des exagérations et des aberrations), ce que je peux faire pour la changer.

CHAPITRE 8

Changer en pratique

Anticiper

Appliquons la règle du « pratiquez, pratiquez, pratiquez ! », alors « pensons, pensons, pensons ! ». Mais il est recommandé de ne pas attendre de se trouver dans « la » situation qui risque de déclencher notre colère. Il est souhaitable d'anticiper : bien sûr, pas question de prévoir tous les aléas qui risquent de nous mettre en furie, mais travailler sur ceux que nous rencontrons le plus souvent au quotidien. En effet, lorsque nous sommes confrontés au « déclencheur », peu de chose à faire sinon tenter de prendre sur soi, de respirer profondément… l'émotionnel exacerbé libère rarement une pensée fluide ! *A contrario*, une pensée plus souple, relativisée, tempérera l'émotion devant l'adversité redoutée.

Ainsi, il est impossible, à moins d'avoir déjà « pensé » et « repensé » cette situation moult fois, de réguler sa colère « à chaud ».

Prenons l'exemple de Marie, technico-commerciale de 35 ans : elle a participé à une joute oratoire pendant un dîner entre amis et sa colère a pris le dessus. Ses propos sont devenus péremptoires, trop incisifs, elle n'écoutait plus son interlocuteur, elle est devenue très agressive d'où les reproches de son mari de retour à la maison. Dès le lendemain, elle songe à ce qui s'est passé, elle se condamne d'avoir été aussi vindicative et surtout d'avoir cédé une fois de plus à la colère.

MARIE : « Je ne pouvais rien contrôler à ce moment-là… j'étais dans ma colère, une seule chose comptait, régler son compte à ce… »

LE THÉRAPEUTE : « Vous allez "penser" ce qui est arrivé, mais tout d'abord qu'est-ce qui a réellement provoqué votre réaction ? »

MARIE : « Quand le meilleur ami de mon mari a commencé à critiquer les commerciaux, les traitant de manipulateurs, de vulgaires marchands. »

LE THÉRAPEUTE : « Pouvez-vous me dire ce que vous vous dites quand on vous traite ainsi ? »

MARIE : « Que c'est insupportable, injuste, je suis humaine, je fais mon métier du mieux que je peux… Ce type me connaît, il devrait savoir que je suis avant tout humaine, que je ne ressemble pas à un VRP lambda ! »

LE THÉRAPEUTE : « … »

MARIE : « Oui, c'est ça, il ne devrait pas me traiter de personne mercantile, uniquement intéressée par l'argent… » (Je lui demande de me dire sa « loi sous-jacente », Marie est habituée à retrouver ses irrationalités, nous travaillons ensemble depuis quelques mois.)

MARIE : « Je vois, c'est encore ce fameux "on doit être juste avec moi, me connaître de l'intérieur, voir mes réels sentiments…" »

LE THÉRAPEUTE : « Et la réalité ? »

MARIE : « Nous l'avons déjà travaillée… je suis une "commerciale", il y a de grandes chances que beaucoup de gens me voient comme ça… comme une âpre au gain… de façon injuste… à moins que je ne fasse autre chose !… »

Oui, Marie, a pointé de nouveau son irrationalité majeure : être reconnue comme désintéressée, sensible, humaine alors qu'elle exerce un métier souvent caricaturé, parfois méprisé. Son acceptation, c'est de simplement reconnaître que beaucoup de personnes de son environnement risqueront d'être injustes envers elle, ne chercheront pas à « voir la vraie Marie », seront victimes de bon nombre de clichés… Je me souviens de ce qui avait produit un déclic chez Marie pour accepter les inconvénients de son métier : quand je lui avais parlé des « irrationalités » des psys, comme : « on devrait nous voir comme des scientifiques… », « on ne devrait pas nous prendre pour des personnalités perturbées », etc. Accepter d'être un psy, c'est accepter la réalité des croyances des gens sur le monde psy, même si c'est injuste ou déplaisant.

Mais cette acceptation ne vient pas tout d'un coup, par une seule prise de conscience, il faudra travailler et travailler les situations qui nous provoqueront dans nos attentes, demandes et exigences. Je demande donc à Marie de ne pas attendre les « activateurs » de sa colère, mais de les précéder. Il est bien sûr impossible et absurde de tout prévoir (ce genre de travail n'est pas conseillé aux personnalités « perfectionnistes ! »), mais nous pouvons imaginer certaines situations :

Je sais qu'il m'est difficile de ne pas répondre à certaines critiques que j'estime injustes dans une soirée entre amis ou collègues de travail, alors je peux tenter d'anticiper. Sur tel ou tel sujet, je me sens très sensible, je risque de redevenir trop réactif ou agressif, est-ce que je peux « penser » certaines réflexions ou certains commentaires que je vais certainement entendre ? Est-ce que je peux me dire : « Je sais qu'ils vont dire ceci ou cela, que cela me blesse mais je ne peux pas censurer les gens… » Savoir reconnaître ses pensées « absolutistes » sera des plus utiles : à propos de tel ou tel thème de discussion, je sais que j'ai telle ou telle pensée incontournable qui peut se muer immédiatement en affirmation, attaque, réplique cinglante et non en argumentation sincère pour établir un dialogue. Entre se dire : « Je sais qu'ils ne sont pas de mon obédience politique, je n'aime pas leur opinion sur ce point, je vais défendre mon point de vue et tenter d'écouter le leur » et me laisser emporter par des « c'est intolérable d'avoir de telles convictions, les gens devraient être humanistes, avoir du bon sens, ne pas se laisser manœuvrer par les politiques, etc. » intervient bien le souci de rendre plus rationnelles et réalistes ma façon de penser et mes exigences sur le fonctionnement et les pensées des autres.

Je donne souvent cet exercice pour que mes patients repèrent et anticipent leurs déclencheurs de colère, leur « terrain miné » ou « zone rouge » comme me le disaient certains.

Anticipez sur vos « zones rouges »

Je suis en danger quand…	**Quelles sont mes pensées habituelles et « absolues » ?**	**Quelle est la réalité ?**
Quelqu'un a une opinion politique stupide…	Je ne supporte pas les endoctrinés, les dévots, ils devraient débattre…	Les « militants » sont souvent des « croyants », les convaincre est absurde, je vais donner mon avis sans attendre chez eux le moindre changement d'idées.
Je suis en retard pour aller au travail…	C'est insupportable de rencontrer des lents, d'être pris dans des embouteillages, le monde doit être réactif, efficace…	Le monde ne va pas s'arrêter de vivre, j'ai peu de chances que la route s'ouvre devant moi (syndrome de Moïse), écoutons la radio…

Je suis en danger quand…	**Quelles sont mes pensées habituelles et « absolues » ?**	**Quelle est la réalité ?**
J'assiste à un repas de famille…	J'espère bien que les attaques personnelles et les petites rivalités vont cesser, dans une famille on devrait avant tout s'entendre !	La famille rassemble souvent les gens par obligation et pas forcément par choix, c'est inévitable de plaire ou de déplaire.
Je converse avec une personnalité narcissique…	Il devrait m'écouter, m'entendre, ne pas constamment monopoliser la parole et l'attention, il devrait penser aux autres !	Je sais qu'Untel est un grand égoïste, je m'attends à n'être que son faire-valoir ou sa tête de Turc ou à être ignoré tout court…
Je sais que l'on va critiquer mon travail ou mon comportement…	On devrait m'apprécier à ma juste valeur, d'accord pour des remarques, mais on doit relativiser avec tous mes côtés positifs !	Si les critiques étaient toutes constructives, ce serait merveilleux. Mais beaucoup en profitent pour régler certains comptes…
Vos exemples :		

Difficile ? Oui, car ce n'est pas naturel et les faits, les imprévus de la vie, nous réendoctrinent chaque jour… Pas question d'être une sorte de robot filtrant toutes les informations pour éviter les dysfonctionnements émotionnels, mais il nous faut être lucides. Lutter contre la colère exige un travail constant. J'ai ressenti cette émotion à un moment de la journée, il va être bon de la « travailler » pour tenter d'anticiper l'événement activateur qui ne pourra que se reproduire : j'inclus donc cet « aléa » dans ma liste rouge ou terrain miné et vais, au calme, l'imaginer, la « penser » et la « repenser » pour tempérer et relativiser tous ces automatismes qui se déclenchent immédiatement et quasiment inconsciemment quand l'adversité survient. Quand il est trop tard, il nous faudra sortir la « mallette premiers secours ».

En cas d'urgence

➤ *D'abord se connaître*

Si vous avez un tempérament colérique, soyez très vigilant avec certains facteurs physiologiques : la faim, la soif mais, surtout, la fatigue sont des stimulateurs de colère. Si vous vous sentez surmené, si vous avez besoin de sommeil, n'hésitez pas à prendre du repos, la sieste est très recommandée aux colériques. Si la faim vous tenaille, prenez un petit en-cas avant d'affronter telle ou telle situation de travail stressante.

Surveillez votre humeur, elle traduit généralement ces petites faiblesses physiques qui peuvent être le creuset de futures colères : suis-je de bonne humeur, est-ce que je me sens irritable ? Cette tension du corps, n'est-ce pas l'indice que je suis en train de monter en puissance côté émotionnel ? Quand mes proches me disent que je suis « énervé », n'est-ce pas le signe avant-coureur d'une plus grosse tempête ? S'observer, écouter son corps, entendre nos proches, autant d'indicateurs indispensables pour prévenir le crescendo de la colère.

➤ *Quand c'est trop tard…*

Vous êtes dans la situation activante de votre colère, c'est trop tard, la tension est montée, vous êtes assailli et submergé par vos pensées colériques, il faut avant tout empêcher votre émotion de s'amplifier dans une escalade de comportements agressifs.

Quelques conseils :

- Si vous êtes avec des proches, dites-leur que vous êtes hors contrôle.
- Stoppez toute joute verbale.
- Persuadez-vous que votre colère ne changera rien.
- Quittez immédiatement le lieu où vous êtes et isolez-vous rapidement.
- Prenez un verre d'eau si possible ou marchez.

Rattraper une colère déclenchée, c'est accepter de se « déconditionner » rapidement, ce n'est qu'avec l'habitude que nous pouvons « anticiper » nos colères, mais souvent l'événement déclenchant n'est pas compris, il reste « la » cause de notre colère, ainsi cette course parisienne en taxi.

➤ *Le syndrome du chauffeur de taxi*

J'étais à Paris, je devais rejoindre la gare Saint-Lazare pour rentrer chez moi. Beaucoup de circulation. J'avais fait ce petit travail mental avant d'appeler le taxi : je suis à Paris, j'aimerais beaucoup ne pas rater mon train, mais le choix de traverser la ville à cette heure-là est un risque. Je préfère le risque d'arriver en retard à la difficulté du métro aux heures de pointe avec ma très lourde valise. J'ouvre donc la porte du taxi avec une certaine sérénité : si le trafic est fluide, mon pari est gagné, s'il y a embouteillage, je prendrai le train suivant, quitte à perdre deux bonnes heures. Satisfait d'avoir « rationnellement » envisagé la situation pour éviter ce genre de stress bien connu : ces « trajets émotionnels » où je guette tous les feux rouges, les comportements de chaque voiture, parle sèchement au chauffeur, deviens paranoiaque quand il semble ralentir pour prendre la mauvaise rue, etc. Finies, mes irrationalités du genre « je veux que la route s'ouvre devant moi jusqu'à la gare… » J'avais « disputé » ce que j'avais appelé mon syndrome de Moïse…

« C'est pas possible, ça coince ! me dit le chauffeur de taxi après deux minutes de trajet…

– On est à Paris ! lui dis-je…

– C'est pas une raison, ça devrait pas coincer comme ça ! rétorque-t-il…

– Mais, à Paris, c'est quasiment tous les jours !

– Et alors, ça devrait pas coincer ! »

Et mon homme de pester de plus en plus fort, d'accuser la mairie, les politiques, les syndicats, les Parisiens « trop c… pour ne pas laisser leur voiture au parking »… Il est maintenant rouge de fureur, prend des initiatives, se retrouve encore plus bloqué, est de nouveau stoppé à un carrefour, baisse la vitre, invective un passant, lance un bras d'honneur à un motocycliste…

Et j'insiste : « Mais vous êtes chauffeur de taxi, vous êtes tout de même habitué aux embouteillages !…

– Pas une raison pour que ça coince comme ça… »…

J'ai lâché prise, la circulation est redevenue fluide, je suis arrivé à temps à la gare, et mon chauffeur de conclure :

« Vous voyez bien, c'était pas normal que ça coince comme ça ! » CQFD.

Mon chauffeur de taxi reste donc persuadé que son attente première est justifiée, réaliste : *on doit toujours pouvoir éviter les embouteillages à Paris.* Il est certes rationnel de souhaiter vivement ne pas trop être bloqué par des problèmes de circulation mais ce que ne comprend pas mon chauffeur, c'est que pour lui *cela ne doit pas se passer comme il ne l'avait pas prévu.* C'est cette nuance entre un souhait et un « absolu de pensée » : il aurait tout simplement préféré une circulation plus fluide, les blocages l'auraient agacé. En revanche, *sa demande* de n'être pas du tout gêné l'exaspère sans cesse et l'enferme dans sa colère. Conduire à Paris ne peut qu'être « frustrant », pas forcément « agressant ».

➤ *En pilotage automatique*

En fait, nous réagissons tous comme ce chauffeur de taxi lorsqu'il s'agit de nos zones d'ombre. Parfaitement philosophes pour évaluer sereinement les aléas des autres colériques, mais peu lucides sur nos propres déclencheurs. Je l'ai dit, la colère traduit nos attentes, nos demandes, nos exigences sur nous-mêmes, les autres et la vie en général, ce sont nos principes de vie, notre construction du réel et celle-la ne va pas accepter la remise en cause sans résistance. Oui, l'acceptation ne se fait que par un travail constant d'exposition aux situations déclenchantes. Mais aussi et surtout par un travail de « métacognition » : tenter de « repenser » la situation qui nous a mis en colère pour mieux évaluer nos automatismes de pensée, nos « petites voix » ou monologues intérieurs. Et nous l'avons vu avec le chauffeur de taxi, nul n'est prophète en son pays : l'expérience pourrait lui apprendre que Paris est décidément une ville à la circulation très difficile. Non, chaque embouteillage réactive sa conception de la ville : sans trafic perturbé, une ville d'ordre, un lieu béni pour les… taxis ! Mais sommes-nous si différents dans nos contextes de travail ? Suis-je vraiment réaliste quand un patient annule un rendez-vous au dernier moment, qu'un autre ne donne plus de nouvelles sans raison, qu'un troisième fait tout le contraire de ce qui serait souhaitable ? Mon « Les patients devraient prendre conscience que… » est tout aussi absurde que la ville sans voitures de mon chauffeur de taxi.

Penser autrement

Redevenir « rationnel »

« Quand on me contrarie, on éveille mon attention, non pas ma colère ; je m'avance vers celui qui me contredit, qui m'instruit. La cause de la vérité devrait être la cause commune à l'un et à l'autre. »

MONTAIGNE

Que l'on pense que le passé soit déterminant pour le présent, que le besoin d'approbation et de reconnaissance soit quasi existentiel, que l'exigence de justice soit incontournable, autant de détonateurs et de déclencheurs de colère lorsque ces croyances sont rigides, voire absolutistes. Nous pouvons retrouver un libre-arbitre en falsifiant, en remettant en cause, en questionnant nos croyances[1], nos attentes et nos exigences sur soi et les autres, sur la vie en général :

– en les soumettant à la question (démarche socratique ou cognitive),
– en les confrontant à la réalité (démarche empirique ou comportementale).

C'est bien la « réalité » qui va me construire peu à peu et remettre en cause mes demandes ou exigences irrationnelles et cela n'a rien à voir avec le stoïcisme : redevenir « rationnel », c'est prendre en compte « ce qui est » pour mieux s'en défendre ou le changer, ce n'est pas l'acceptation béate ou un quelconque sentiment de fatalité et d'impuissance.

Se questionner

Quel événement a stimulé ma colère ? Que me suis-je dit à ce moment-là ? Il est beaucoup plus facile de retrouver ses pensées à froid, après l'incident. La prise de conscience quasi instantanée demande de nombreuses années de pratique. Les pensées que je retrouve, celles qui sont immédiatement associées à l'adversité, sont-elles réalistes, rationnelles ou irrationnelles ? Ces pensées correspondent-elles à un quelconque absolu de pensée, à « ma façon de fonctionner, de voir les choses » plus qu'à la réalité d'autrui ou de la situation ?

➤ *Renoncer à ses colères*

Puisque pour le colérique, les expériences frustrantes de la vie n'apportent pas la sagesse mais exacerbent la colère, il lui faut redevenir réaliste.

Que vous apportent vos colères ? Faites le bilan.

Mes colères sont-elles bénéfiques ? Nous l'avons vu dans les chapitres précédents, les colères apportent en général plus de frustrations à moyen et long terme que cette pseudo-satisfaction immédiate d'avoir « explosé » pour exprimer son ressenti.

ÊTES-VOUS RATIONNEL OU IRRATIONNEL ?

Événement activant	*Pensées irrationnelles*	*Conséquences émotionnelles et comportementales*	*Pensées rationnelles*	*Conséquences émotionnelles*	*Nouvelles attitudes*
Les gens peu affirmés	On doit dire ce que l'on pense et veut !	Colère contre ceux qui tergiversent, s'expriment mal	Beaucoup d'humains n'osent pas déranger l'autre et ne savent comment faire	Frustration acceptée	Mieux communiquer avec eux pour libérer leurs demandes, leur ressenti
Les personnalités rigides	Elles doivent se remettre en cause	Colère contre leurs résistances au changement, discussions stériles pour convaincre…	Cette « résistance » est leur jambe de bois	Frustration acceptée, énervement	Comment les amener à envisager de nouvelles pensées ?
Les « intolérants aux frustrations »	C'est dans le travail et la frustration que l'homme se construit	Colère devant les « flemmards » de tout poil, conflits, sermons permanents	L'homme refuse souvent la frustration, la société de consommation l'a compris !	Incompréhension, déception	Comment les aider à jouir de l'hédonisme à moyen et long terme ?

Événement activant	*Pensées irrationnelles*	*Conséquences émotionnelles et comportementales*	*Pensées rationnelles*	*Conséquences émotionnelles*	*Nouvelles attitudes*
Les religieux	Ils devraient comprendre que la liberté est la libre pensée	Colère, volonté de critiquer, d'exclure les croyants de toute obédience	Beaucoup d'humains ne supportent la vie terrestre qu'avec la promesse d'un au-delà	Incompré-hension, irritation	Discuter avec les religieux pour éviter les intégrismes
Les gens de mauvaise foi	On doit reconnaître ses torts	Colère contre les menteurs, conflit pour obtenir la vérité…	Beaucoup ont du mal à dire la vérité	Frustration acceptée	Les sécuriser quand ils cachent la vérité
L'incivilité, l'égoïsme des autres	Les humains doivent se respecter	Colère : la société ne devrait pas régresser, combat permanent pour « civiliser »… à perte…	La société de consommation crée les égocentriques	Frustration acceptée, déception	Je peux défendre mes idées, mes valeurs morales, je ne les attends pas !

Événement activant	***Pensées irrationnelles***	***Conséquences émotionnelles et comportementales***	***Pensées rationnelles***	***Conséquences émotionnelles***	***Nouvelles attitudes***
Le non-respect de l'environnement	On devrait comprendre qu'on court à la catastrophe	Colère, mépris des consommateurs en général, je peux me battre contre les Goliath, les marchands…	Dans un contexte d'hyper-consommation beaucoup ne réfléchissent plus	Frustration acceptée, désolation	Je continue d'informer et tente de convaincre
Les hommes de pouvoir	Ne devraient pas s'accrocher à leurs privilèges	Colère, aigreur constante, humiliation devant les plus « forts »	Ceux qui aiment le pouvoir sont rarement altruistes, c'est dommage mais antinomique	Frustration acceptée	Je peux, en qualité de citoyen, veiller au partage des privilèges
La mauvaise météo du Nord	On devrait bénéficier du climat du Sud	Colère, exaspération	Accepter que le Nord soit moins ensoleillé que le Sud	Frustration acceptée quand il s'agit de manger dehors l'été	J'organise mes loisirs en fonction du temps, je ne le « subis » plus

Événement activant	***Pensées irrationnelles***	***Conséquences émotionnelles et comportementales***	***Pensées rationnelles***	***Conséquences émotionnelles***	***Nouvelles attitudes***
Les parents permissifs	Ils devraient savoir qu'un enfant gâté deviendra « roi »	Colère devant la prise de pouvoir des enfants rois	Reconnaître que tout a été fait pour la permissivité parentale et qu'il n'y a pas de savoir-faire chez les parents	Frustration acceptée	Aider, donner un savoir-faire éducatif aux parents
POURSUIVEZ LA LISTE !	RETROUVEZ VOS IRRATIONA-LITÉS	QU'AVEZ-VOUS RESSENTI, FAIT ?	POURRIEZ-VOUS ÊTRE PLUS RATIONNEL ?	QUELLES SONT VOS ÉMOTIONS ?	DE NOUVELLES ATTITUDES ?

Suis-je vraiment calmé après une bonne colère ?

N'ai-je pas l'impression de toujours répéter mes colères ?

Mes colères signent une grande immaturité, est-il judicieux de garder des réactions infantiles ?

Ai-je obtenu plus de choses avec ma colère sur le plan matériel ?

Mes relations se sont-elles améliorées à la suite de mes colères ?

Mes colères me donnent-elles vraiment de l'énergie, sont-elles réellement bonnes ?

Mes colères me rendent très vulnérable au principe de réalité, est-ce ma destinée que chaque jour soit un enfer ?

Les colères n'apportent que peu de satisfaction, elles sont inefficaces. Il est donc bon de toujours se demander si nous avons des souhaits, des préférences pour appréhender la réalité et non des exigences, des absolus de pensée qui ne répondent qu'à nos demandes, le plus souvent irrationnelles.

Absolus de pensée	***Souhaits et préférences***
« Il faut, ça doit, on devrait… » *Irrationnel et inefficace !*	« J'aimerais, je voudrais, ce serait bien si… » *Rationnel et efficace !*

Faut-il suivre une thérapie ?

➤ *Comment aider un colérique ?*

Vous l'avez compris, travailler sur sa colère est d'abord une remise en cause personnelle. Si vous vivez avec un colérique, ne tentez pas de le convaincre qu'il est « irrationnel », vous ne ferez qu'amplifier ses réactions. Proposez-lui la lecture de ce livre, ce sera une première prise de conscience car beaucoup sont dans le déni : ma colère est justifiée, « je suis comme ça », ce sont les autres qui dysfonctionnent. Dans les contextes de crise, ne le condamnez pas, ne le critiquez pas, mais n'essayez pas non plus de le tempérer, de le conseiller, cela ne marche pas, adoptez, vous aussi, les attitudes de premiers secours pour désamorcer la crise : cesser un conflit verbal, quitter l'endroit de la dispute… Pour éviter une escalade de la colère qui peut devenir dangereuse, la meilleure façon est de rester dans l'acceptation : « Il ou elle est en crise de colère, c'est sa maladie, une véritable pathologie, je ne l'aime pas comme cela, mais que puis-je faire ? » Si les colères s'amplifient et deviennent plus fréquentes, la meilleure solution est de motiver le colérique pour qu'il consulte.

Ce n'est pas facile, la lecture de ce livre peut aider une personne colérique à prendre conscience de ses dysfonctionnements. Mais l'essentiel est de lui faire comprendre que lorsque la colère n'est plus contrôlée, elle devient une véritable pathologie dont on ne peut pas se sortir seul, au même titre que les troubles anxieux généralisés ou les dépressions graves. Ce n'est pas une question de volonté.

➤ *Colère et psychothérapie*

Quand la colère est trop forte et il est bien difficile de faire seul ce travail d'introspection. Dès lors, il est souhaitable d'envisager l'aide d'un psychothérapeute. Les approches cognitives sont des psychothérapies qui ne traitent pas que le symptôme, c'est-à-dire, ici, les comportements colériques. Le patient effectue un véritable travail sur lui-même : une prise de conscience des origines de sa colère, mais surtout une évaluation de ses schémas cognitifs, de ses exigences de vie, pour « disputer » ensuite ses croyances les plus irrationnelles et retrouver une nouvelle philosophie de vie. Il sera essentiel qu'il ait une nouvelle approche de son histoire, de son lien avec l'actuel. Il lui faudra évaluer ses demandes, ses exigences, ses attentes sur lui et sur les autres, qui proviennent généralement des expériences passées. Il lui sera utile de relativiser ses « croyances » pour envisager de nouvelles hypothèses de vie. C'est bel et bien là aussi une véritable remise en cause de soi.

Cette approche est aussi « comportementale » parce que la personne qui souffre de colère doit toujours agir sur des faits réels, non seulement les penser, mais « s'exposer », se confronter à des situations déclenchantes pour mieux les observer, les évaluer, les relativiser et apprendre à mieux les vivre. Changer, tempérer la colère, est un travail qui nécessite parfois l'aide d'un spécialiste mais que l'on peut aussi, c'était l'objectif de ce livre, faire seul.

Une adresse : www.institut-ret.com, site de l'Institut français de thérapies cognitives ou « Institut RET », 2, passage Chanoine-Cousin - 14000 Caen (tél. : 02 31 50 01 49, fax : 02 31 50 09 50).

Conclusion

« Ce qui cause votre colère et votre folie est d'attacher trop de prix à de menues choses[1]. »

SÉNÈQUE

Nos activités professionnelles, notre vie de couple et la vie en général ne cessent de stimuler nos sentiments de colère… et c'est bien là le problème ! Parce que chacun conçoit la vie de son point de vue, le plus souvent de façon irrationnelle, et que nos attentes sont le plus souvent anéanties par la réalité. La colère révèle bien une impuissance devant certaines adversités et parfois devant la réalité tout court. La colère traduit un refus du réel, la vaincre signera une meilleure appréhension de soi, des autres, de ce fameux « principe de réalité ».

Accepter la réalité, c'est tout simplement se dire : je n'aime pas toujours cette réalité-là, je souhaite fortement que cela change, que puis-je faire pour cela ? Et non « tant pis, c'est comme ça ! ». Ni se résigner donc, ni (se) détruire, ce que fait constamment le colérique. Désormais, l'homme non colérique sait substituer à ses « voilà comment doit être la vie », un réaliste « voilà comment est la vie »… Premiers pas vers la sagesse émotionnelle.

Pas question d'oublier les colères « justes », qu'elles soient sociales ou subjectives. Quand elles expriment un ressenti, elles ne peuvent pas être inhibées. Mais il est souhaitable de se demander chaque fois si notre colère est efficace ou non. Le fait de vivre cette émotion provoque-t-il des conséquences heureuses ? Les autres me perçoivent-ils différemment ? Est-ce que j'obtiens sans agresser ce que je pouvais espérer avec une émotion tempérée ? Ai-je l'impression que l'environnement change ? En résumé, suis-je efficace ?

Retrouver un émotionnel négatif approprié, c'est tout simplement transformer les colères en déception, agacement, énervement, contrariété, désillusion… et c'est avant tout accepter la frustration.

Dans mes précédents livres, j'ai émis l'hypothèse que l'intolérance aux frustrations était à la source de nombreux problèmes d'adaptation (scolaire en particulier pour les plus jeunes[2]) et d'éducation (quand l'enfant roi devient tyran[3]). Nous le voyons de plus en plus chez les enfants qui souffrent d'une éducation permissive, ils sont malheureux, intolérants aux frustrations, omnipotents et tyranniques, veulent tout tout de suite. Cette colère du bébé capricieux risque fort, à l'âge adulte, de dégénérer en colère plus forte et en refus du principe de réalité tout court. De l'enfant roi à l'adulte roi ? C'est bien la tolérance aux frustrations qui est encore au cœur du problème : si l'humain s'enferme dans son intolérance, il est vite submergé par la colère car les aléas de la vie sont constants. Non, le monde environnant n'est pas là pour répondre à notre principe de plaisir, il est principe de réalité.

Être tolérant aux frustrations n'est pas une philosophie monacale, bien au contraire. Reconnaître la frustration, ce n'est pas l'attendre, la désirer, la provoquer, c'est l'accepter, parce qu'elle « est ». Et, le plus souvent, l'acceptation de la frustration à court terme procure une joie, une satisfaction très grande à moyen et long terme ; c'est l'hédonisme à moyen et long terme.

L'augmentation des comportements colériques témoigne de la montée de l'égocentrisme et du principe de plaisir roi : rien ne doit déroger à la loi du « Je veux vivre comme je veux » et celui qui pense différemment sera rejeté, voire agressé. Il n'est donc pas question de banaliser la colère comme c'est souvent le cas (« Une bonne colère cela fait du bien, faut s'exprimer ! »), mais de bien saisir sa signification : la lente destruction du lien social dans cette course absurde vers le refus de la réalité.

Il n'est pas question de revenir à une réalité qui ne serait « que » frustrante, il est bien sûr souhaitable de réhabiliter le plaisir mais, s'il y a déséquilibre entre jouissance et frustration, entre moi et les autres, nous risquons fort de basculer dans l'annulation du lien social et de revenir au temps primitif du « chacun pour soi ». L'acceptation de la frustration, donc de la réalité, se révèle être un rempart contre la dérive d'une future immaturité adulte. Il est souhaitable de retrouver un juste milieu : non pas l'annulation du principe de plaisir mais un juste équilibre entre la recherche de l'hédonisme et le respect d'autrui et de la réalité, toujours ce « lien soi-autrui ». Ce n'est, certes, pas facile, mais cette acceptation, si elle devient source d'une nouvelle philosophie de vie et non simple méthode Coué, atténuera nos sentiments de colère.

Ainsi, si nous ne pouvons tout maîtriser, si nous sommes impuissants pour éviter les adversités, il nous est cependant possible de disputer nos irrationalités pour éprouver ensuite des sentiments certes négatifs, mais appropriés et non disproportionnés : frustrés mais pas colériques.

Accepter les inévitables frustrations, s'accepter et accepter les autres, comprendre, mais aussi réprimer, et non refouler, ses sentiments de colère, c'est mieux penser sa vie.

Notes bibliographiques

CHAPITRE PREMIER
La colère au quotidien

1. FRED Vargas, *Pars et reviens vite,* Paris, Viviane Hamy, 2001.

CHAPITRE 3
Pourquoi changer ?
Contenir, exprimer ou exploser ?

1. J. LEDOUX, *Le Cerveau des émotions*, Paris, Odile Jacob, 2005.

2. LÉNINE, *L'État et la Révolution*, Éditions sociales, 1967.

3. HERGÉ, *Coke en stock*, Paris, Casterman, 1958.

4. A. W. SIEGMAN, « Cardiovascular Consequences of Epressing and Repressing Anger », *in Anger, Hostility and the Heart,* Hillsdale, NJ, Lawrence Associates, 1994.

5. J. LEDOUX, *op. cit.*

6. Sur le site www.angerbusters.com, cet article du *Behaviour Research and Therapy*, volume 43, issue 11, novembre 2005, pages 1467-1484.

7. A. R. DAMASIO, *L'Erreur de Descartes*, Paris, Odile Jacob, 2006.

CHAPITRE 4
Les raisons de la colère

1. C. ANDRÉ et F. LELORD.

2. C. DARWIN, *The Expression of the Emotions in Human and Animals*, 1872.

3. K. LORENZ, *L'Agression, une histoire naturelle du mal*, Paris, Flammarion, 1977.

4. D.T. LUNDE et D.A. Hamburg, « Techniques for assessing the effects of sex hormones on affect, arousal, and aggression in humans », *Recent Progressin Hormone Research,* 28, 627, 1972.

5. H.F. HARLOW, « Harlow's lecture on love in relation aggression », *APA Monitor*, 3, 1975.

6. S. FREUD, *Malaise dans la civilisation*, Paris, PUF, 1971.

7. J. KAGAN, J.S. REZNICK, N. SNIDMAN, « Biological bases of childhood shyness », *Science*, 240, 167-171, 1988.

8. T. GRANDIN, *Animals in translation*, Harcourt, 2005.

9. Albert ELLIS, *How to Control you Anger before it Controls you*, New York, Citadel Press, 2003.

10. Y. JAFFE, 1974, « Sexual arousal and behavioral aggression », *Journal of Personality and Social Psychology*, 759, 764, 1974.

11. E. DONNERSTEIN, « Erotic stimuli and agression ? », *Journal of Personality and Social Psychology,* 237-44, 1975.

12. J. BOWLBY, « Attachement et perte », vol. 1, PUF, 2002.

13. J. YOUNG, *La Thérapie des schémas*, Bruxelles, De Boek, 2005.

14. M. RUFO, *Détache-moi*, Paris, Anne Carrière, 2005.

15. D. PLEUX, *De l'enfant roi à l'enfant tyran*, Paris, Odile Jacob, 2002.

16. A.T. BECK, *Prisoners of Hate : the Cognitive Basis of Anger, Hostility and Violence*, New York, Harper Collins, 1999.

17. A. ELLIS, *Anger : How to Live With and Without it,* New York, Citadel Press, 2003.

18. DSM-IV.

19. Di GIUSEPPE, *Journal of Experimental Psychology*, vol. 28, 2002.

20. SMITH et ELLSWORTH, *Patterns of Cognitive Appraisal in Emotion, Journal of Personality and Social Psychology*, 1985.

21. ROSEMAN, « Cognitive determinants of emotions : a structural theory », *Review of Personality and Social Psychology*, vol. 5, 1984.

22. AVERILL, *Anger and Agression*, New York, Springer Verlag, 1982.

23. ENRIGHT et FITZGIBBONS, « Helping clients forgive : an empirical guide for resolving anger and restoring hope », Washington D.C., American Psychological Association, 2000.

24. POWER et DAGLEISH, *Cognition and Emotion : from Order to Disorder,* East Sussex, Hove, Psychology Press, 1997.

25. J. LEDOUX, *op. cit.*

26. L. BERKOWITZ, « On the formation and regulation of anger and aggression », *American Psychologist,* 45, 494-503, 1990.

27. A. BANDURA et C. WITTENBERG, *The Impact of Visual Media on Personality*, Washington D.C., J. Segal éd., 1971.

CHAPITRE 5

Le bagne au travail !

1. Film *Tais-toi !* de J. WEBER.

2. D. PLEUX, « Apprendre : dysfonctionnements et changements », thèse de doctorat, Caen, 1995.

3. R. FEUERSTEIN, *Instrumental Enrichment,* éd. Scott Foresman, 1980.

4. F. FANGET, *Toujours mieux*, Paris, Odile Jacob, 2006.

5. KORZYBSKI, *La carte n'est pas le territoire,* Éclat, 1998.

CHAPITRE 6

Famille, je te hais !

1. J.-C. CHESNAIS, *Histoire de la violence*, Paris, Robert Laffont, 1981.

2. J. VAN RILLAER, *Les Colères*, Bernzet-Danilo, 1999.

3. J. GRAY, *Les hommes viennent de Mars, les femmes viennent de Vénus*, Paris, Michel Lafon, 1999.

4. J. BOWLBY, *op. cit.*

5. J. YOUNG, *La Thérapie des schémas*, De Boeck, 2006.

6. A. VIRCONDELT, *Antoine et Consuelo de Saint Exupéry, un amour de légende*, Paris, Les Arènes, 2005.

7. HARPER et A. ELLIS, *L'Approche émotivo-rationnelle*, Montréal, Éditions de l'Homme, 1992.

8. J. WOLFE, *What to do when He has a Haedache*, Hyperion, New York, 1992.

9. D. PLEUX, *De l'enfant roi à l'enfant tyran, op. cit.*

10. F. DOLTO, *La Cause des adolescents*, Robert Laffont, 1998.

11. D. PLEUX, *De l'enfant roi à l'enfant tysan, op. cit.*

CHAPITRE 7

Colère et frustration

1. J.-P. SARTRE, *Esquisse d'une théorie des émotions*, Hermann, 1948.

2. A. ELLIS, D. PLEUX, « La force du conscient ou repenser son inconscient », *in Le Livre noir de la psychanalyse*, Paris, Les Arènes, 2005.

3. J. E. Young, J.S. Klosko, M.E. Weishaar, *La Thérapie des schémas*, de Boeck, 2005.

4. J. Piaget, *Le Comportement moteur de l'évolution*, Gallimard, 1976.

5. D. Pleux, *op. cit.*

6. C. André, F. Lelord, *La Force des émotions*, Paris, Odile Jacob, 2001.

7. A. Camus, *Le Premier Homme*, Paris, Gallimard, 2000.

8. D. Pleux, *op. cit.*

9. M. Aurèle, *Pensées pour moi-même*, Flammarion, 1999.

10. In *Le Livre noir de la psychanalyse, op. cit.*

11. A. Ellis, *Anger, How to Live With and Without it*, New York, Citadel Press, 2003.

12. R. C. Martin et E. R. Dahlen, « Irrational beliefs and the experience and expression of anger », *Journal of Rebt*, vol. 22, Université Mississippi Sud, spring 2004.

13. D. Pleux, *Manuel d'éducation à l'usage des parents d'aujourd'hui*, Paris, Odile Jacob, 2004.

14. A. Ellis, « Reason and emotion in psychotherapy », Birch Press Book, 1994.

15. C. André, *Imparfaits, libres et heureux*, Paris, Odile Jacob, 2006.

16. T. Nhat Hanh, *La Colère*, Paris, Pocket, Lattès, 2001.

CHAPITRE 8

Changer en pratique

1. K. Popper, *Le Réalisme et la Science*, Hermann, 1990.

Conclusion

1. Sénèque, *De ira*, Paris, Les Belles Lettres, 1966.

2. D. Pleux, *Peut mieux faire*, Odile Jacob, 2001.

3. D. Pleux, *De l'enfant roi à l'enfant tyran, op. cit.*

Remerciements

Merci à Odile Jacob pour son accueil et sa motivation, à Christophe André, pour ses pensées rationnelles, à Gaëlle Fontaine, pour son professionnalisme et sa tolérance aux frustrations, à Marie de Oliveira pour sa complicité, merci aux membres de l'Institut A. Ellis de New York, pionniers, chercheurs et thérapeutes de la colère.

Table

Chapitre 2
ÊTES-VOUS COLÉRIQUE ?

Chapitre 3
POURQUOI CHANGER ?
CONTENIR, EXPRIMER OU EXPLOSER ?

Chapitre 4

Les raisons de la colère

Chapitre 5
LE BAGNE AU TRAVAIL !

Chapitre 6
FAMILLE, JE TE HAIS !

Ouvrage proposé par Christophe André

Cet ouvrage a été composé
par Nord Compo
à Villeneuve-d'Ascq (Nord)

N° d'impression : 012027
N° d'édition : 7381-3850-4
Dépôt légal : mai 2017

Achevé d'imprimer en décembre 2020
sur les presses de la Nouvelle Imprimerie Laballery (58)
Imprimé en France
La Nouvelle Imprimerie Laballery est titulaire de la marque Imprim'Vert®